Ecrits louisianais du dix-neuvième siècle

ECRITS LOUISIANAIS DU DIX-NEUVIEME SIECLE

NOUVELLES, CONTES ET FABLES

Choix, introduction et notices par
Gérard Labarre St. Martin
et Jacqueline K. Voorhies

LOUISIANA STATE UNIVERSITY PRESS
Baton Rouge and London

Library of Congress Cataloging in Publication Data

Main entry under title:

Ecrits louisianais du dix-neuvième siècle.

   1. French-American literature--Louisiana.
2. French-American literature--19th century.
I. St. Martin, Gérard Labarre, 1929-
II. Voorhies, Jacqueline K.
PQ3937.L8E25   840   78-24295
ISBN 0-8071-0353-5

à Adèle et Vernon

TABLE
DES MATIERES

CONTES FOLKLORIQUES

FABLES

FABLES ET VERS EN PATOIS CREOLE

"I would sure hate to have come from the South.
Maybe I wouldn't come from the South anyway, even
if I could stay there. Wait. Listen. I'm not
trying to be funny, smart. I just want to understand it if I can and I dont know how to say it
better. Because it's something my people haven't
got. Or if we have got it, it all happened long
ago across the water and so now there aint anything
to look at every day to remind us of it. We dont
live among defeated grandfathers and freed slaves...
and bullets in the dining room table and such, to
be always reminding us to never forget. What is it?
something you live and breathe in like air? a kind
of vacuum filled with wraithlike and indomitable
anger and pride and glory at and in happenings that
occurred and ceased fifty years ago? a kind of
entailed birthright father and son and father and
son of never forgiving General Sherman, so that
forevermore as long as your childrens' children
produce children you wont be anything but a
descendant of a long line of colonels killed in
Pickett's charge at Manassas?"

"Gettysburg," Quentin said. "You cant understand
it. You would have to be born there."

William Faulkner, _Absalom, Absalom_!

Depuis quelques années la fameuse métaphore nationale du
<u>melting pot</u> a perdu son intérêt et sa valeur. Pour ceux
qui s'intéressent à la culture américaine, cette métaphore
ne reflète ni la réalité ni l'idéal, car c'est aux immigrants
que l'Amérique doit sa force et sa pluralité. Pendant fort
longtemps l'héritage anglo-saxon protestant avait été
tacitement accepté comme le seul héritage purement américain.
Les textes et les programmes scolaires fondés sur cette
notion n'avaient fait qu'aggraver le complex d'infériorité
parmi les minorités noires et espagnoles ainsi que chez les
Créoles et les Cajuns.

De nos jours les études entreprises sur le plan de
l'héritage ethnique, études revendiquées de plus en plus et
à juste titre par les étudiants, procurent maintenant des
objectifs pédagogiques et intellectuels pour assurer un
programme d'instruction approprié. L'excellent livre <u>Roots</u>,
par Alex Haley, ainsi que son interprétation à l'écran ont
renouvelé parmi les Américains de diverses origines
ethniques et linguistiques un énorme intérêt pour leurs
ancêtres et leurs cultures. Jusqu'à présent le manque de
matériaux disponibles a toujours posé un obstacle à
l'enseignement de la culture francophone en Louisiane. Ce
livre fournira aux enseignants un fond précieux.

La culture française louisianaise, loin d'être monolithe,
est en réalité un microcosme de la devise nationale: <u>E</u>

xiii

pluribus unum. Au siècle dernier, certains auteurs
louisianais de langue française qui avaient écrit de la
poésie, des pièces de théâtre et des romans se réunissaient
dans des salons pour lire les pièces de Molière. D'autres
se rassemblaient dans des lieux moins élégants pour écouter
avec délice les récits de Jean Sotte, de Bouki et de Lapin,
narrés avec verve par des conteurs de folklore. Bien que
différentes, ces deux traditions découlent d'une tradition
humaniste et possèdent un intérêt social, linguistique
ainsi que littéraire. La valeur de ce volume est dans le
choix et la diversité de cette littérature qui représente
la richesse de l'héritage culturel louisianais de langue
française.

Patricia K. Rickels (traduit en français par les auteurs)

FOREWORD

For a number of years there has been a growing awareness
among students of American culture that the national melting
pot metaphor neither reflects a reality nor points the way
toward an ideal. The distinction and the strength of
America lie in the fact that we are a nation of immigrants.
Yet, for too long there was tacit acceptance of the notion
that only the Anglo-Saxon Protestant heritage was truly
American. School texts and curricula based on this assump-
tion fostered a sort of cultural inferiority complex in
black Americans, Spanish-speaking groups, Creoles, and
Cajuns.

Today ethnic heritage studies are increasingly seen as
providing an intellectually valid and pedagogically effective
way of ensuring the relevance in education that students
have properly come to demand. Alex Haley's excellent book
<u>Roots</u> and the popular television series based upon it have
provided an additional stimulus to the search for cultural
roots among Americans of many ethnic and linguistic back-
grounds. However, finding materials for classroom use has
posed a major problem for teachers working with Louisiana
French culture. For them this book—originally put together
on an experimental basis to provide Louisiana French texts
for teaching French to Louisiana students—will be a valuable
resource.

Louisiana French culture is far from monolithic. It
xv

presents, in fact, a microcosm of the national motto E
pluribus unum. During the last century some groups of French-
speaking Louisianians wrote poetry, drama, and novels. They
gathered in parlors to present readings of the plays of
Molière. Others got together in less elegant surroundings
and enjoyed performances of stories about Jean Sotte or
Bouki and Lapin as told by gifted folk raconteurs. Both
traditions are of social, linguistic, and literary interest.
Both have value in the humanistic tradition. It is the
strength of the present volume that it presents a variety of
selections, suggesting the richness and diversity of the
Louisiana French cultural heritage.

Patricia K. Rickels

Remerciements

Les auteurs expriment leur
reconnaissance à l'Athénée Louisianais
qui a facilité leur tâche.

INTRODUCTION

Louisiana retained a strong French influence until the Civil
War, despite forty years of Spanish domination and its
admission to the Union in 1812. French was the maternal
language of most of the inhabitants, and it remained the
official language until the end of the nineteenth century.
Early in that century when Anglo-Saxon immigrants came to
settle in the territory, the native Louisianians made every
effort to preserve their French heritage. They were helped
by French exiles who, following the revolutions of 1830 and
1848, sought refuge in the state, where they founded
periodicals and weekly newspapers, thus preserving the
French culture.

After the war, French influence suffered a setback.
Stripped of their possessions, the French planters became
integrated into the social, political, and economic life of
the Reconstruction period. Eager to participate actively in
the community, they learned English and adapted to the
American way of life; they retained many of their ancestral
customs, but over the years fewer and fewer of them spoke
French. In the rural regions among the Acadians, however,
French thrived as the everyday language and continued to be
transmitted to succeeding generations.

The purpose of this book is to make available some of the
writings of the Louisiana French authors and to illustrate
the written and oral traditions of French-speaking Louisiana.
The short stories, tales, and fables in this volume were

selected for their linguistic and historical value as well
as for their literary interest. They reflect the thought,
attitudes, and customs of Louisianians when French influence
was predominant.

Reared in Louisiana and educated by French masters and
tutors, many of these writers studied in France and returned
home imbued with French culture. As a result, art, literature, and French life-styles flourished in the state.
Although linked to France both by language and heritage,
these authors were also deeply aware of the culture and the
beauty of their native land. Their writings reflect their
attachment to Louisiana and recreate an idealized past.

Mme A. Fortier makes this past the theme of several of
her tales. Written in a lyrical and often grandiloquent
language, these tales echo the drama of the Civil War era.
She vividly depicts the terror of invasion, denunciation,
pillaging, brutality, and death experienced by her or by
people close to her. Despite an exaggerated sentimentality,
her characters are realistically portrayed as they wrestle
with the tragic events of the times. These events are
clearly evoked by the "souvenir douloureux mais toujours
cher à tous les coeurs du Sud; le souvenir de cette
Confédération héroïque, toute trempée du sang de nos pères
et toute remplie de leur gloire."

Patriotism and a sense of honor, intensified by the Civil
War, are reflected in Félix Voorhies' biography of General
Alfred Mouton, the Acadian hero who died in the battle of

Pleasant Hill. Voorhies' war tales, however, are light in
tone and focus on the human aspects of war. His original
and personal style conceals deep and sincere emotions behind
an ironical mask. A cavalry officer in the Confederate army,
he knew fear, hunger, and the horrors of war, experiences he
shares with his readers through his fictional characters.
Witty and ingenious, these characters are humorously
sketched. They are for the most part resourceful braggarts
who laugh at themselves. Despite their flaws, they are
capable of heroism and confront misfortune and danger with
total and superb indifference: "Diable, vois-tu, il ne
faisait pas aussi beau à Vicksburg alors. . . . Les Yankees
nous assiégeaient, quoi, dix contre un, comme de juste, et
tous armés de carabines qui vous envoyaient leurs balles au
diable bouilli. . . . Puis des canons, des gunboats, en
veux-tu, en voilà . . . si bien que quand ils se mettaient
à nous ferrailler, on eût dit les hurlements de tous les
diables de l'enfer, avec accompagnements à grand orchestre
de coups de tonnerre. . . . Mais on s'en fricassait comme
de Colin Tampon." Félix Voorhies indulges occasionally in
social and political satire, as when he pokes fun at
Proudhon's revolutionary ideas in "Le Cas de conscience."
"Jeanjean était un partageux, mais un partageux qui ne
s'imposait pas. Dans sa petite philosophie, il s'était dit
qu'il n'est pas nécessaire de proclamer tout haut ses idées
et, partant de ce principe, la maxime de Proudhon que 'la
propriété c'est le vol' le flattait singulièrement. Il en

était même venu à se dire: 'le vol c'est la propriété.'"

Voorhies' easygoing, good-natured tone contrasts with
that of Ulisse Marinoni. Like Mme Fortier, Marinoni finds
his chief source of inspiration in the past. The characters
in "Mon Oncle Jacques" and "Ma Tante Louise" embody the life
and customs of an earlier epoch that is dear to the author.
For Marinoni the past is represented by "les singuliers
paysages qui vous ont le plus frappés, consolidés à jamais
dans votre mémoire et qui ainsi resteront gravés dans cet
éternel album de souvenirs précieux qui est le coeur humain."
The vast plantation that is the center of interest in "Mon
Oncle Jacques," "la vieille maison qui chaque jour
s'écroulait davantage, tassée dans sa vieillesse séculaire
au fond du bosquet de chênes," evokes the memories of the
luxury, the joys, and the pleasures of the author's childhood.
Oncle Jacques symbolizes the generation of virile and noble
Louisianians who fought gallantly for the southern cause.
On the other hand, Tante Louise, in the tale by the same
name, remains the humble and modest guardian of a bygone era.
Wearing "sa robe de soie noire bien brossée," Tante Louise
bustles in feverish agitation, preparing for All Saints'
Day. Today this feast is still one of the most important
religious holidays in Louisiana; for Tante Louise and her
contemporaries, All Saints' Day was not only a religious
observance but also an opportunity to relive her youth.
Officiating like a priestess in front of the tombs white-
washed and covered with crowns of black onyx beads, white

glass pearls, and artificial flowers, Tante Louise received
close and distant relatives who came to the cemetery for
their annual visit, "et leur redisait avec emphase les hauts
faits des anciens parents." The family tombs with their
peeling whitewash sheltered a beloved fiancé, parents,
brothers, uncles, and aunts, "tout ce monde de jadis, grands
messieurs et dames qui savaient jouir de la vie et en
goûtaient tous les fastes et les splendeurs."

The memories of the glorious past and the bitterness of
defeat arouse a different set of emotions in Mme Dumestre
and her friends during their outing to Beauvoir, the former
home of Jefferson Davis. The old plantation that had once
sheltered the family of the president of the Confederacy is
now plunged into a bleak silence. "En face de cet immense
changement, le coeur comprend combien il doit mépriser la
gloire, la grandeur, les richesses et les vains plaisirs,
puisqu'ils ne sont tous qu'un prestige, qui s'évanouira
comme une légère vapeur. La seule réalité c'est la
destruction du corps et l'immortalité de l'âme." "De Biloxi
à Beauvoir" is merely a charming little literary exercise
filled with facile, somewhat exaggerated romanticism. This
same atmosphere permeates Mme Sheldon's short tale "Une
Rêverie." This Louisiana idyll, which takes place on the
picturesque Teche, abounds in exoticism, local color, and
mythological allusions that reflect the tendencies of a
generation nourished by the Romantic movement. Like most
Louisiana writers of this period, she uses imagery and

themes that greatly resemble those of her French counter-
parts.

In many parts of Louisiana, French was only an oral
language. It is this oral language that produced some of
the least-known and most interesting works. High on the
list are the folktales, published in 1885, which Alcée
Fortier had collected during numerous conversations with
black Louisianians. These stories, which constitute an
important part of Louisiana folklore, bear the influence of
their African, Asian, and European origins. The changes
and the variations that they underwent in Louisiana can be
attributed to black storytellers, who often transposed the
narratives into a Louisiana setting and projected their own
feelings into the stories, thereby recreating tales that are
imaginative and poetic.

These stories fall into three groups: the lyric tales;
the animal tales of African origin; and the fairy tales or
märchen, which came from India. Told originally in creole,
the dialect spoken by the blacks in southern Louisiana, some
of the stories have a linguistic as well as a folkloric
interest.

The French spoken in Louisiana can be divided into three
distinct categories: the French spoken by the Creoles, the
descendants of French and Spanish settlers of the colonial
period; that spoken by the Acadians, descendants of the
French exiles driven from Nova Scotia by the English; and
finally, the French spoken by the black population, often

called creole, which is "la langue dont se servaient
principalement les noirs, mais aussi parfois les blancs,
dans les plantations le long du Mississipi entre la Nouvelle
Orléans et la paroisse Pointe Coupée aussi bien que dans la
paroisse St. Martin. Actuellement cette langue, moins tenace
que le dialecte des Acadiens, semble être en voie de
disparition soit par abandon en faveur de l'anglais soit
par décréolisation, c'est-à-dire son assimilation progressive
au français des Acadiens et en dernier lieu son absorption
par celui-ci. En tant que créolisation du français, cet
idiome doit se ranger avec les autres langues créoles à base
française développées au cours des contacts des esclaves
africains avec les colons français comme le haïtien, le
martiniquais, le mauritien."* Because the creole folktales
were transmitted orally from generation to generation, one
finds many variants in rural Louisiana. This volume
includes several examples of these tales retold in modern
French. In order to preserve the authenticity and the flavor
of this literature, the editors have retained a few old
expressions and lexical items.

The majority of these tales feature animal characters,
the best known of which are Compère Bouki and Compère Lapin.
Reminiscent of the medieval fabliaux as well as the fables

---

*Roy Harris, "Cofè 'Pourquoi': Un Africanisme parmi
d'autres en créole louisianais," Louisiana Review, I (Summer,
1972), 88.

of Jean de La Fontaine, the tales use a rural background for the adventures and the misadventures of these creatures who under their animal guise conceal human personalities. Through these animals, the storytellers portray trickery, folly, violence, gluttony, and all the excesses of a world where revenge and the law of the strongest prevail. Under a comical exterior, the tales expose the injustices of society and the secret thoughts of an enslaved people who dared not express themselves openly.

A set of Acadian tales revolves around the character of Jean Sotte, a curious personage who appears to be a simpleton, yet possesses humor and common sense. These Jean Sotte stories are part of a cycle that exists elsewhere in the world under different names.

Other cultures have inspired stories such as "Le Mariage du Diable," which recalls Charles Perrault's tale "Blue Beard." An African tale, "Ti-Doigt," reflects the state of mind and the psychology of the nineteenth-century black slave expressing the nostalgia for his native country, which was, according to the storyteller "un bon pays; les orangers étaient en fleur tout le temps et il y avait des fleurs, et de petites oranges et des oranges mûres toute l'année." A somber tale of adultery and murder, "Ti-Doigt" is the testimony of a woman who suffered through the painful experience of slavery.

Ce sont les blancs qui sont allés nous chercher dans notre pays en Afrique. Certains d'entre nous furent enlevés, et d'autres vendus par notre papa pour un

mouchoir rouge, une bouteille de tafia ou un vieux
fusil.
   Une fois lorsque nous étions après faire la guerre,
certains d'entre nous furent faits prisonniers, et
d'autres furent vendus aux blancs qui venaient faire
des affaires sur la côte. On nous emmena liés, deux
par deux. Lorsque nous atteignîmes la côte comme un
troupeau d'animaux, nous fûmes échangés, hommes,
femmes et enfants, non pas pour de l'argent, mais pour
toutes sortes de marchandises. Les blancs nous mirent
dans des bateaux et nous menèrent ici. C'est comme ça
qu'on fit de nous des esclaves en Amérique.

Forced to accede to their masters' demands, slaves were

often the victims of many indignities. A detailed analysis

of "Ti-Doigt" reveals the painful gamut of emotions experi-

enced by the blacks, especially their melancholy and their

deep resignation.

   The injustices perpetrated on the blacks inspired the

author of "Le Melon," an original Louisiana fable. This

genre was popular among Louisiana poets, whose subjects were

drawn from French, Greek, and Spanish sources. The moral

that clarifies the meaning is frequently placed in a

regional setting.

   Some of the Louisiana authors also wrote fables in creole,

thus skillfully preserving the picturesque expressions

learned in their childhood. Several of these fables are

included in this collection.

   Far from being exhaustive, this anthology presents some

of the more representative works produced in Louisiana.

This literature, too long forgotten, gives us an insight

into a vanished society both black and white, with its

prejudices, its common sense, its humor, and especially its

nostalgia for the past. Although dated by excessive
sentimentality and depicting only a partial view of the
period, these stories are an intrinsic part of the literary
and folk heritage of French Louisiana.

INTRODUCTION

En dépit d'une période de près de quarante ans de domination
espagnole en Louisiane et de la réunion de cet état à la
fédération des Etats-Unis en 1812, l'influence française n'a
cessé de s'y faire sentir. Cette influence qui resta
prépondérante tout au cours du dix-neuvième siècle fut subie
par beaucoup d'écrivains louisianais de langue française.
Le français, langue maternelle de la plupart des habitants,
devait rester la langue officielle jusqu'à la fin du
dix-neuvième siècle.

Lorsqu'au début de ce siècle un grand nombre d'immigrants
anglo-saxons vinrent s'établir dans le territoire, les
Louisianais redoublèrent d'effort pour conserver leur
héritage. En outre, à la suite des révolutions de 1830 et
de 1848, un certain nombre d'exilés français vinrent se
réfugier en Louisiane. Se joignant aux Louisianais de
souche, ils y fondèrent des revues et des hebdomadaires,
contribuant ainsi à maintenir la tradition écrite et orale
du français en Louisiane. Cette présence française en
Louisiane allait persister jusqu'à la guerre civile.

Au lendemain de cette guerre, cependant, le français
allait marquer un grand recul. Dépossédés soudain de leurs
biens, les riches planteurs français de Louisiane n'eurent
d'autre ressource que de s'intégrer à la nouvelle structure
sociale, politique et économique de l'après-guerre. Prenant
une part active à la vie de la communauté, ils apprirent
l'anglais et s'adaptèrent au nouveau régime américain, tout

xxix

en restant fidèles aux traditions de leurs ancêtres.
L'influence et l'emprise anglaises furent telles que bientôt
le français ne fut plus qu'un souvenir pour certains; pour
d'autres, cependant, les habitants des régions rurales, le
français continua à être la langue de tous les jours.

   Le but de ce livre est de mettre en relief la persistance
du fait français en Louisiane et d'illustrer par quelques
oeuvres marquantes la tradition écrite et orale de la
Louisiane francophone. Les nouvelles, contes et fables qui
font l'objet de ce recueil ont été choisis en raison de leur
valeur linguistique et historique aussi bien que pour leur
intérêt littéraire. Ils reflètent la pensée et les moeurs
louisianaises à une époque où l'influence française était
prépondérante.

   En effet, élevés dans une ambiance francophone, instruits
par des maîtres et tuteurs français, un grand nombre de ces
écrivains louisianais allaient souvent achever leurs études
en France et en revenaient l'esprit imprégné de culture
française. C'est donc par leur intermédiaire que les goûts,
l'art, la littérature et la mode française pénétrèrent en
Louisiane. Attachés à la France par la langue et la tournure
d'esprit, ces écrivains louisianais surent capter toutefois
le charme de leur pays natal. Leurs oeuvres reflètent la
culture et la civilisation de leur époque et font revivre un

passé chargé d'événements et de drame.

S'inspirant du passé, Mme A. Fortier en fait le thème
principal de plusieurs de ses contes. Ecrits dans un langage
précieux, lyrique et parfois emphatique, ces récits distillent
l'essence du drame créé par la guerre civile. Mme Fortier
évoque pour nous la terreur de l'invasion, la délation, le
pillage, la brutalité et la mort. Dépeints avec une
sensibilité très vive, ces événements semblent avoir été
vécus par l'auteur ou par ses proches. Sous les apparences
d'un sentimentalisme quelque peu exagéré, l'on découvre des
êtres humains qui ressentent l'ampleur de la tragédie de
cette époque. Cette tragédie est évoquée par le « souvenir
douloureux mais toujours cher à tous les coeurs du Sud; le
souvenir de cette Confédération héroïque, toute trempée du
sang de nos pères et toute remplie de leur gloire. »

La guerre civile n'avait fait qu'exacerber un patriotisme
et un sens de l'honneur que partageaient la plupart des
Louisianais de l'après-guerre, sentiments que Félix Voorhies
a si bien su mettre en relief dans sa biographie du Général
Alfred Mouton, héros acadien mort au champ d'honneur à la
bataille de Pleasant Hill. Les récits de guerre de Félix
Voorhies restent imprégnés d'une certaine pudeur et
affectent une certaine légèreté de ton. Dans un style
souvent moqueur et qui frise parfois le goguenard, il nous

laisse entrevoir le côté humain voire comique de la guerre.
Ajoutant aux détails réalistes des éléments cocasses, il
parvient à un style original et personnel qui cache de
réelles et sincères émotions sous des dehors railleurs.
Officier de cavalerie dans l'armée confédérée, il a probablement connu et fait la triste expérience de la peur, de la
faim, des affres de la guerre. Il n'hésite pas à nous faire
part de ces expériences à travers ses personnages qui sont
avant tout humains. Fanfarons, débrouillards, mais capables
d'héroïsme comme de certaines faiblesses, ils retiennent leur
sens de l'humour. Ils peuvent rire de leurs propres travers
tout en sachant faire face au malheur et affronter le danger
avec une superbe indifférence: ◀Diable, vois-tu, il ne
faisait pas aussi beau à Vicksburg alors.... Les Yankees nous
assiégeaient, quoi, dix contre un, comme de juste, et tous
armés de carabines qui vous envoyaient leurs balles au diable
bouilli.... Puis des canons, des gunboats, en veux-tu, en
voilà...si bien que quand ils se mettaient à nous ferrailler,
on eût dit les hurlements de tous les diables de l'enfer,
avec accompagnements à grand orchestre de coups de tonnerre.
...Mais on s'en fricassait comme de Colin Tampon. ▶

Félix Voorhies se livre aussi à une satire sociale et
politique et attaque de façon amusante les idées
révolutionnaires de Proudhon dans ◀ La Cas de conscience. ▶

« Jeanjean était un partageux, mais un partageux qui ne
s'imposait pas. Dans sa petite philosophie, il s'était dit
qu'il n'est pas nécessaire de proclamer tout haut ses idées
et, partant de ce principe, la maxime de Proudhon que « la
propriété c'est le vol » le flattait singulièrement. Il en
était même venu à se dire: Le vol c'est la propriété. »
Ses oeuvres dans lesquelles abondent la verve, le naturel et
la bonne humeur contrastent avec les écrits d'Ulisse
Marinoni.

C'est à Mme Fortier qu'il faudrait rattacher Marinoni,
car pour ces deux écrivains le passé demeure la principale
source d'inspiration dans laquelle ils puisent abondamment.
Les personnages de « Mon Oncle Jacques » et de « Ma Tante
Louise » symbolisent la vie et les coutumes d'une période
révolue et pourtant chère à l'auteur. Pour Marinoni le
passé est représenté par « les singuliers paysages qui vous
ont le plus frappés, consolidés à jamais dans votre mémoire
et qui ainsi resteront gravés dans cet éternel album de
souvenirs précieux qui est le coeur humain. » La vaste
plantation qui est le centre d'intérêt de « Mon Oncle
Jacques, » « la vieille maison qui chaque jour s'écroulait
davantage, tassée dans sa vieillesse séculaire au fond du
bosquet de chênes, » fait revivre pour l'auteur le luxe, les
plaisirs et les joies de son enfance. La vieille demeure

représentait aussi ❮ les mauvais jours.... Les Fédéraux montant le fleuve, les maisons abandonnées, les parents partis pour la guerre, le morne manteau d'une tristesse suprême. ❯ Oncle Jacques symbolise une génération virile, noble et héroïque de Louisianais qui se sont battus pour la cause sudiste. En revanche, Tante Louise, l'héroïne du conte du même nom, humble et modeste, reste la gardienne du passé. Dans ❮ sa robe de soie noire bien broussée ❯ Tante Louise, avec une agitation fébrile, fait les préparatifs nécessaires pour fêter la Toussaint. De nos jours encore, la Toussaint est une des fêtes religieuses des plus importantes en Louisiane. Pour Tante Louise et ses con-temporains, c'était l'occasion de revivre des souvenirs de jeunesse. Officiant à la manière d'une prêtresse devant les tombes blanchies et couvertes de couronnes en jaie, de verroterie blanche et de fleurs artificielles, Tante Louise recevait parents proches ou éloignés qui venaient faire leur visite annuelle au cimetière, ❮ et leur redisait avec emphase les hauts faits des anciens parents. ❯ Ces tombes crépies de chaux abritaient des parents adorés, des frères et un fiancé bien-aimé, des oncles et des tantes, ❮ tout ce monde de jadis, grands messieurs et dames qui savaient jouir de la vie et en goûtaient tous les fastes et les splendeurs. ❯

Les souvenirs des splendeurs passées et l'amertume de la

défaite éveillent des émotions bien différentes chez Mme
Dumestre et ses compagnes lors d'une promenade à Beauvoir,
ancienne demeure de Jefferson Davis. La vieille habitation
qui jadis avait abrité la joyeuse famille du Président de la
Confédération est désormais plongée dans un morne silence.
« En face de cet immense changement, le coeur comprend combien
il doit mépriser la gloire, la grandeur, les richesses et les
vains plaisirs, puisqu'ils ne sont tous qu'un prestige qui
s'évanouira comme une légère vapeur. La seule réalité c'est
la destruction du corps et l'immortalité de l'âme. » Comme
ce passage le souligne, « De Biloxi à Beauvoir » n'est en
fait qu'un charmant petit exercice littéraire qui met en
relief un esprit imprégné d'un romantisme facile et quelque
peu exagéré. Ce même esprit se retrouve dans le court récit
de Mme Sheldon intitulé « Une Rêverie. » Dans cette idylle
louisianaise qui a lieu sur les bords pittoresques du Tèche,
l'exotisme, la couleur locale, les allusions mythologiques y
abondent et reflètent les tendances littéraires d'une
génération nourrie et marquée par l'école romantique. La
langue, les images et les thèmes que des écrivains louisianais
cherchaient à imiter ne différaient en rien de ceux de leurs
contemporains français.

Pour beaucoup de Louisianais, la langue française n'était
qu'une langue orale. Mais, c'est de cette tradition orale

que nous viennent les oeuvres les plus inédites et les plus
intéressantes. Ce sont pour la majeure partie des contes
folkloriques qui, recueillis par M. Alcée Fortier, ont été
publiés pour la première fois en 1885. Ces histoires sont
le résultat de nombreux échanges et conversations entre M.
Fortier et des noirs louisianais. Ces contes, rapportés par
les Européens et les Africains, constituent maintenant une
part importante du patrimoine folklorique louisianais. Ces
histoires font toutefois partie d'un héritage commun à
différents pays et sont probablement issus d'une même source.
Les changements et les variations qu'ils ont subis ont été
attribués aux conteurs noirs qui, s'inspirant de leur propre
tradition africaine, donnèrent à ces récits des tournures
nouvelles qui ne manquent ni d'imagination ni de poésie.

On peut facilement répartir ces contes en trois groupes:
Les contes lyriques, les contes d'animaux vraisemblablement
d'origine africaine, les contes de fées ou märchen qui
viennent de l'Inde. Ecrits à l'origine en langue créole,
dialecte que parlaient les noirs de la Basse Louisiane, ces
récits présentent un intérêt à la fois folklorique et
linguistique.

Le français parlé en Louisiane peut être divisé en trois
catégories distinctes: Celui parlé par les Créoles,
c'est-à-dire les descendants des colons français et espagnols

de la période coloniale; le français des Acadiens, descendants des Français exilés de la Nouvelle-Ecosse par les
Anglais; enfin, le français de la population noire, souvent
appelé patois créole. D'après M. Roy Harris, ce patois
créole ❮ est la langue dont se servaient principalement les
noirs, mais aussi parfois les blancs, dans les plantations
le long du Mississipi entre la Nouvelle-Orléans et la
paroisse Pointe Coupée aussi bien que dans la paroisse St.
Martin. Actuellement cette langue, moins tenace que le
dialecte des Acadiens, semble être en voie de disparition
soit par abandon en faveur de l'anglais soit par décréolisation, c'est-à-dire son assimilation progressive au français
des Acadiens et en dernier lieu son absorption par celui-ci.
En tant que créolisation du français, cet idiome doit se
ranger avec les autres langues créoles à base française
développées au cours des contacts des esclaves africains avec
les colons français comme le haïtien, le martiniquais, le
mauritien. ❯* Les contes folkloriques se sont transmis
oralement en langue créole de génération en génération. On
trouve encore à l'heure actuelle de nombreuses variantes de
ces contes dans les régions rurales de la Louisiane.

---

*M. Roy Harris, ❮ Cofè 'Pourquoi' Un Africanisme parmi
d'autres en creole louisianais, ❯ Revue de Louisiane,
I (Hiver,]973), 88.

On trouvera inclus dans ce recueil des exemples de ces contes originaux racontés en français moderne. Pour en préserver l'authenticité et la saveur, on a pris soin dans la mesure du possible de retenir quelques tournures anciennes et quelques éléments lexicaux qui font le charme et l'originalité de cette littérature.

La plupart de ces contes mettent en scènes des personnages dont les deux plus célèbres sont Compère Bouki et Compère Lapin. Ces caractères bien marqués rappellent les animaux des fabliaux du Moyen Age et ceux des fables de Jean de La Fontaine. Un cadre champêtre sert de toile de fond aux aventures et mésaventures de ces créatures qui sous leurs dehors d'animaux cachent une nature très humaine.

Par l'intermédiaire de ces animaux symboliques, les auteurs peignent d'un trait sûr, la ruse, la sottise, la violence, la gourmandise et tous les excès dans un univers où la loi du plus fort l'emporte et où l'esprit de revanche finit toujours par triompher. Sous des dehors cocasses, ces contes révèlent les sentiments et les pensées secrètes d'un peuple esclave qui ne pouvait les exprimer librement. Sous des apparences naïves, ces contes soulignent également les injustices et les abus de la société.

D'origine bien différente et pourtant de facture semblable, les récits de Jean Sotte tendent au même but.

Jean Sotte prête son nom à un certain nombre de récits dont il est le héros principal. Ces récits font partie d'un cycle varié que l'on retrouve ailleurs dans le monde sous des noms différents. Ce personnage curieux qui a toutes les apparences d'un simplet fait néanmoins preuve de beaucoup d'humour, de bon sens et de raison.

Les apports de diverses cultures ont inspiré certaines histoires tel que « Le Mariage du Diable » qui n'est pas sans rappeler le conte de « Barbe Bleu. » Nettement différente des autres, l'histoire de « Ti-Doigt » reflète davantage l'état d'esprit et la psychologie de la population noire de l'époque. Situé en Afrique, ce conte exprime la nostalgie du pays natal qui était, selon le conteur « un bon pays; les orangers étaient en fleur tout le temps et il y avait des fleurs, et de petites oranges et des oranges mûres toutes l'année. »

Un sombre récit d'adultère et de meurtre, « Ti-Doigt » est surtout le témoignage d'une femme qui avait fait la pénible expérience de l'esclavage.

Ce sont les blancs qui sont allés nous chercher dans notre pays en Afrique. Certains d'entre nous furent enlevés, et d'autres vendus par notre papa pour un mouchoir rouge, une bouteille de tafia ou un vieux fusil.
Une fois lorsque nous étions après faire la guerre, certains d'entre nous furent faits prisonniers, et d'autres furent vendus aux blancs qui venaient faire des affaires sur la côte. On nous emmena liés, deux par

deux. Lorsque nous atteignîmes la côte comme un troupeau
d'animaux, nous fûmes échangés, hommes, femmes et enfants,
non pas pour de l'argent, mais pour toutes sortes de
marchandises. Les blancs nous mirent dans des bateaux et
nous menèrent ici. C'est comme ça qu'on fit de nous des
esclaves en Amérique.

Comme le récit de « Ti-Doigt » l'indique, les esclaves

étaient obligés de se plier aux exigences de leur maître et

devinrent les victimes de leurs caprices et de leurs abus.

Une analyse plus approfondie de « Ti-Doigt » révèle toute la

gamme douloureuse des sentiments éprouvés par les noirs. Ce

récit reflète surtout leur mélancolie et leur profonde

résignation. L'injustice dont ils étaient souvent victimes

se retrouve dans la fable, « Le Melon, » qui est probable-

ment une des rares fables originales de Louisiane.

Les fables présentées dans ce volume sont des récits

didactiques en vers de poètes louisianais qui puisèrent leur

inspiration à des sources grecques, espagnoles et françaises.

Ces fables s'accompagnent d'une morale qui en éclaire le sens

et se situent pour la plupart dans un cadre régional.

Utilisant des expressions du terroir elles apportent un

élément nouveau aux écrits louisianais de langue française.

Ce recueil contient également des fables en patois créole

écrites par des Louisianais. Ces auteurs qui savaient manier

une langue châtiée pouvaient s'exprimer aussi aisément en

langue créole, langage qu'ils avaient entendu et parlé dans

leur petite enfance et dont ils avaient su préserver le
pittoresque et la saveur.

Loin d'être exhaustive, cette petite anthologie ne fait
état que de quelques, oeuvres parmi les plus représentatives qui
témoignent de la vie d'une population rurale pour qui le
passé est resté une tradition vivante. Cette littérature
louisianaise qui pendant longtemps était tombée dans
l'oubli nous laisse entrevoir tous les éléments d'une société
terrienne blanche et noire avec ses préjugés, son sens
commun, son humour, mais surtout sa nostalgie d'une ère
révolue. Malgré les changements inévitables qu'apporte le
progrès, la population louisianaise d'aujourd'hui comme celle
d'hier éprouve toujours un sens aigu du passé. Désuets
peut-être, démodes par certains côtés excessifs ou partiaux,
ces nouvelles et ces contes constituent un héritage
littéraire, psychologique et folklorique d'un monde et d'une
époque.

Nouvelles et récits

Félix C. Voorhies (1839-1919), né à St. Martinville,
fit ses études au Collège de St. Charles à Grand
Coteau en Louisiane, à Spring Hill College dans
l'Alabama et au Collège des Jésuites à la Nouvelle-
Orléans. Admis au barreau en 1860, il prit part à
la Guerre Civile et fut nommé capitaine de cavalerie
en 1863. Après la guerre il s'établit à St. Martinville. En 1874 il fut élu à la législature à Bâton
Rouge. Directeur de l'Observateur de St. Martinville,
il s'intéressa beaucoup à la littérature, et passa
ses après-midis à rédiger des articles, des pièces
de théâtre, romans, nouvelles et poésies.

LE CAS
DE CONSCIENCE

Jeanjean était un partageux, mais un partageux qui ne
s'imposait pas. Dans sa petite philosophie, il s'était dit
qu'il n'est pas nécessaire de proclamer tout haut ses idées
et, partant de ce principe, la maxime de Proudhon que « la
propriété c'est le vol » le flattait singulièrement. Il en
était même venu à se dire: « le vol c'est la propriété. »

Aussi, Jeanjean ne se faisait-il pas scrupule de
s'approprier le bien d'autrui, pourvu, toute fois, qu'il pût
le faire dans l'ombre et sans scandale. Pour lui, le
scandale seul donnait du relief à ce vice, si vice il y
avait. Or le scandale pour Jeanjean, c'était la publicité;
la publicité qui amène invariablement l'intervention de la
justice, chose dont il avait une frayeur mortelle.

Mais ici-bas, que l'on soit Jeanjean ou n'importe qui, on
n'est pas une brute, et l'on a une conscience que picote le
remords furieusement. Voilà pourquoi le moins scrupuleux
des hommes a parfois des scrupules.

3

Or Jeanjean commençait à douter sérieusement que ses théories sur le droit de propriété fussent saines, et il lui venait des scrupules. Ce doute s'était glissé dans le coeur et il se décida d'aller voir son curé pour lui expliquer son cas.

Il mit donc pantalon bleu, veste grise et chemise éblouissante de blancheur, et se dirigea vers le presbytère. Il avait si bonne mine que le physionomiste le plus expert n'aurait pu découvrir le partageux dans une tenue si distinguée.

Lorsque Jeanjean arriva au presbytère, le curé lisait son bréviaire. Tout ébaubi, il regarda Jeanjean ainsi endimanché, se creusant la tête pour deviner quel pouvait être le motif de sa visite.

-- Monsieur le curé, dit Jeanjean avec hésitation, j'ai un doute dans le coeur, et je suis venu vous expliquer mon cas, et vous demander un petit conseil.

-- Assieds-toi d'abord, Jeanjean, et ensuite tu me conteras cela.

-- Pensez-vous, Monsieur le curé, que n'importe qui peut posséder n'importe quoi, à l'exclusion de tout le monde?

-- Quoi? Comment? Je ne te comprends pas, Jeanjean.

-- Je m'explique. Croyez-vous à la propriété absolue?

-- A la propriété absolue?

--Oui, Monsieur le curé. Par exemple, vous avez un cochon, Monsieur le curé, et vous dites c'est ma propriété. Voilà qui est bien. Mais de quel droit dites-vous: « ce cochon m'appartient ▸, et pourquoi vous appartient-il plus qu'à moi? Voilà ce que je veux savoir.

-- (Le curé tout étourdi) Qu'est-ce que tu me chantes là, Jeanjean? Je dis que ce cochon m'appartient, parce que je l'ai payé de mes deniers. Ton chapeau ne t'appartient-il pas?

-- Oui, Monsieur le curé, parce que je l'ai en ma possession.

-- Alors si tu n'en avais pas la possession, il ne t'appartiendrait plus?

-- C'est justement là d'où vient mon doute, Monsieur le curé.

-- Alors tu prétends que si Paul s'emparait de ton chapeau, qu'il en deviendrait le propriétaire?

-- C'est ce qu'il me semble, Monsieur le curé.

-- Mais alors tu substitues le vol et la violence au droit et à la propriété, malheureux.

-- Vous croyez, Monsieur le curé?

-- Comment si j'y crois. Mais c'est l'anarchie que tu prêches là; c'est la désorganisation de la société; mais ce serait la force brutale primant le droit. Si ce que tu dis là est vrai, il suffirait au premier venu de te chasser de chez toi, pour devenir le propriétaire de ta maison. Mais il n'y aurait plus de gouvernement possible, et nous serions pis que des animaux féroces.

-- Ce droit de propriété est nécessaire alors, Monsieur le curé?

-- Je crois bien. Sans ce droit-là, nous n'aurions plus qu'à nous réfugier dans les bois, et vivre de glands et de racines comme les porcs.

-- Ce droit de propriété est-il bien ancien, Monsieur le curé?

-- Aussi vieux que le monde, Jeanjean.

-- Et qui donc l'a établi, Monsieur le curé?

-- Que t'importe si l'on ne s'en souvient pas et si l'on a toujours respecté ce droit?

-- Mais s'il a été établi par les hommes, comment cela peut-il se faire, puisque tout appartient à Dieu?

-- Parce que Dieu lui-même a sanctionné ce droit.

-- Ah! Dieu lui-même?

-- Assurément, puisqu'il commande de respecter le bien d'autrui, et de ne convoiter ni l'âne, ni le boeuf, ni la femme du voisin.

-- Alors celui qui prend la propriété d'autrui, commet une faute?

-- Sans doute. Il commet un vol et se damne sans rémission s'il meurt sans avoir restitué l'objet volé, ou sans en avoir donné au moins la valeur au propriétaire. Vois-tu, Jeanjean, la porte du ciel est si étroite, qu'une âme dégagée de tout péché peut tout juste y entrer. Comment donc entrerait-elle dans le ciel, traînant à sa suite tout un bagage d'iniquités? Jeanjean, l'homme ici-bas est sujet aux déceptions et aux douleurs. C'est son lieu d'épreuves. Frappé dès le berceau, il doit s'attendre à se blesser les

pieds aux cailloux du chemin qu'il a à parcourir, à déchirer
sa robe aux ronces qui bordent la route de la vie. Il vient
au monde en pleurant, il en sort en pleurant, et sa
récompense se trouve dans un monde meilleur. Né pour la
souffrance et la pauvreté, la pauvreté et la souffrance ne
doivent ni l'étonner ni l'abattre. Il ne doit regarder ni à
droite, ni à gauche; n'envier personne; respecter le bien
d'autrui; remercier Dieu de ce qu'il a, et gagner son pain à
la sueur de son front.

-- A la sueur de son front, Monsieur le curé?

-- Oui, Jeanjean, à la sueur de son front, et la saveur
de son pain n'en sera que meilleure. Il aura la conscience
d'avoir rempli son devoir, et cette conscience-là, lui
rendra le travail plus léger, et lui donnera un sommeil plus
profond. Une conscience tranquille, Jeanjean, vaut mieux
que toutes les dignités et toutes les richesses de ce monde.

-- C'est bien, Monsieur le curé, je vois bien que je
n'avais pas le sens commun. Dès aujourd'hui, je vais
respecter le bien d'autrui et gagner mon pain à la sueur de
mon front.

Jeanjean sortit du presbytère, l'âme toute embaumée des
paroles du bon curé. Tout en marchant, il pensait aux
consolantes paroles qu'il venait d'entendre, et aux bons
conseils qu'il venait de recevoir. « Quelle brute ai-je été
jusqu'à présent, » se disait-il; « mais je me damnais comme
un chien. Le gros bon sens aurait dû me dire que l'honnête
homme doit gagner son pain à la sueur de son front. J'aurais

dû savoir que ce qui appartient à autrui ne m'appartient pas,
pas plus que mon veston appartient à mon cousin Pierre. »

Pendant qu'il soliloquait ainsi, Jeanjean arriva à un
endroit où le chemin tournait brusquement dans un sentier
dénudé d'arbres, et qui serpentait gracieusement le long d'un
pré fleuri. Le gazon courait là épais et vert comme une
émeraude, et était étoilé de milliers de petites fleurs
blanches, rouges, bleues, de toutes les nuances, semées sur
cette verdure, on eût dit, par quelque fée désoeuvrée.

Un parfum capiteux s'exhalait de cette verdure, et l'air
en était tout embaumé. La pelouse courait se perdre au pied
d'une forêt dont la cime était dorée des reflets du soleil
qui déclinait, tandis que les arbres se détachaient verts et
sombres de l'horizon qui s'empourprait. Ce paysage frais et
charmant eût émerveillé un peintre. Jeanjean, encore tout
ému des paroles du bon curé, admira ce tableau qui avait une
forêt pour cadre, le soleil pour décorateur, et le ciel le
plus pur pour horizon. Il s'arrêta comme mû par un ressort,
et respirant à pleins poumons, il savoura le parfum de ce
gazon étoilé de fleurs. Il semblait perdu dans une douce
rêverie.

Tout à coup, son regard se porta sur une touffe d'herbe
épaisse qui s'élevait saillante de ce tapis de verdure, et
son coeur se prit à battre à tout rompre. Tapi dans cette
touffe d'herbe, se trouvait un petit cochon blanc comme du
lait, frais et dodu comme un poupon, et qui dormait du
sommeil de l'innocence.

Jeanjean détourna la tête car, malgré lui, ses mauvais
instincts revenaient au galop, et le souvenir du bon curé
s'évanouissait de son coeur. L'honnête Jeanjean de tantôt
redevenait le partageux incorrigible. La tentation la plus
terrible le secouait et éparpillait ses bonnes résolutions
aux quatre vents du ciel. Sa conscience était aux prises
avec ses mauvais instincts.

-- Il faut être honnête homme et gagner son pain à la
sueur de son front, disait sa conscience.

-- La bonne bourde, ripostaient ses mauvais instincts.
Tu es assez niais pour croire aux bêtises qu'on te débite.
Tu ne vois pas que ce sont propos de ceux qui ne travaillent
pas et qui ont tout en abondance; de ceux qui ont peur qu'on
leur prenne leur superflu, et qui ne tendent jamais la main
aux malheureux.

-- Ne crois pas cela, disait sa conscience, respecte le
bien d'autrui. L'accomplissement d'un devoir vaut mieux que
toutes les richesses et toutes les dignités de ce monde.

-- Envoie promener cette radoteuse, criaient encore ses
mauvais instincts; quand tu auras été misérable toute ta vie
et que les autres auront vécu comme des princes, buvant les
meilleurs vins, savourant les mets les plus délicats,
portant les plus beaux habits, et jouissant de toutes les
joies de ce monde, en seras-tu plus avancé? Tu mourras, et
quand passera ton cercueil dans un mauvais fourgon accompagné
d'un croque-mort, ces favorisés de la fortune diront en
haussant les épaules: C'est cet imbécile de Jeanjean qui

passe; Jeanjean l'honnête homme qui est mort de faim. Et ce sera là ton oraison funèbre, tandis que la fosse se renfermera sur toi et que les vers du tombeau se disputeront les lambeaux de ta chair. Envoie promener ta conscience, empoigne ce petit cochon, et fais le cuire à la broche. Personne ne te voit et tu ne cours aucun risque.

Ainsi tiraillé à droite par sa conscience et à gauche par ses mauvais instincts, Jeanjean, comme étourdi, demeurait perplexe et ne savait que faire quand, tout à coup, dans sa petite philosophie, il trouva moyen de concilier sa conscience avec ses mauvais instincts. Il se dépouilla de son veston et de son chapeau, et s'avança résolument vers le petit cochon. Réveillé en sursaut et tout effrayé, celui-ci se mit à fuir. Son instinct l'avertissait qu'il courait un grand danger.

Alors commença une course impossible à décrire. Tout disparut devant Jeanjean, pelouse étoilée de mille fleurs, soleil dorant la cime des grands arbres, horizon pourpre bordé d'un rideau vert. Il ne voyait que le petit cochon qui fuyait devant lui et qui décrivait des courbes savantes et des zigzags impossibles pour éluder la poursuite de son ennemi. Mais hélas! l'animal si blanc et dodu perdait du terrain à chaque pas et Jeanjean l'eut bientôt capturé.

Jeanjean porta la main à son front; son front était sec, et pas la moindre gouttelette de sueur y perlait. Ceci ne faisait pas son affaire. Il lâcha prise; le petit cochon se mit à fuir de nouveau avec la rapidité du vent, et la

course recommença. Jeanjean dont l'ardeur diminuait,
courait moins vite, et la poursuite dura plus longtemps.
Il réussit cependant à se saisir de sa proie une seconde
fois. Il ne transpirait pas plus que la première fois.

« Diable, » se dit-il, « ce n'est pas mince affaire que
de gagner son pain à la sueur de son front. » Il lâcha
prise une seconde fois, et la peur donnant des ailes au
petit animal, la course recommence haletante, effrénée.
Lorsque Jeanjean se saisit de sa victime de nouveau, il
poussa un soupir de satisfaction, la sueur ruisselait sur
son front.

Monsieur le curé ne pourra pas dire, pensa-t-il, que je
ne l'ai pas gagné à la sueur de mon front, et content, et
la conscience tranquille, il regagna son logis d'un pas
léger et joyeux.

UN COCHON
DE LAIT
FEROCE

« C'était pendant le siège de Vicksburg » ... me dit mon
oncle, « mais ne crains rien, bambino, je ne te raconterai
pas toutes les péripéties de ce siège mémorable, ni de nos
hauts faits d'armes; je te réfère à messieurs les Yankees
pour informations à ce sujet. Je ne te dirai rien de nos
souffrances physiques... notre plus cruel ennemi, alors,
était une faim à démoraliser un chameau, la plus patiente et
la plus morale des bêtes de somme; une faim à nous faire
avaler des cailloux à l'instar des autruches qui, dit-on, se
livrent à ce genre d'exercice par goût. Scrongnenieux! De
ce côté-là nous n'avions rien à désirer.

« Ajoute à cela une discipline à faire plier une colonne
d'acier. Diable, vois-tu, il ne faisait pas aussi beau à
Vicksburg alors que dans le paradis terrestre au temps où
Adam et Eve s'y promenaient en costume de printemps, sans se
soucier du cuisinier. Parbleu! tout leur venait à point,
tandis qu'à nous.... Aussi, Vicksburg était alors un
véritable enfer. Les Yankees nous assiégeaient, quoi, dix
contre un, comme de juste, et tous armés de carabines qui
vous envoyaient leurs balles au diable bouilli.... Puis des
canons, des gunboats, en veux-tu, en voilà,... si bien que
quand ils se mettaient à nous ferrailler, on eût dit les
hurlements de tous les diables de l'enfer, avec accompagnements à grand orchestre de coups de tonnerre.... Mais on
s'en fricassait comme de Colin Tampon.... Ah, bien oui!....

13

Nous nous en fricassions pas mal, nous les confédérés.`

« Mais ce qui nous choquait, c'était que ces gueux de
Yankees étaient habillés, chaussés, chapeautés de neuf,
comme de bons bourgeois en pique-nique, et qu'ils avaient
en sus l'estomac bien plein, tandis que nous n'avions que
nos pouces à sucer. Puis nos uniformes, étaient-ils délabrés
au moins, si bien que par modestie, et par respect pour les
dames, nous marchions toujours à reculons, quand elles nous
regardaient.

« Ce qu'il y avait de plus terrible, c'était que sous
peine de servir de point de mire à une douzaine de pioupious
comme nous, il était défendu à tout soldat de toucher à
poule, canard, dindon ou cochon des naturels de Vicksburg
pour lesquels nous risquions notre peau vingt-quatre heures
par jour.

« Aussi, il fallait voir cela!... Les coqs faisaient
coquerico sur leurs tas de fumier, les poules gloussaient,
les dindes faisaient la roue, les cochons grognaient en nous
narguant, et tout cela se fichait de nous, parce que nos
officiers les protégeaient.

« Scrongnenieux! Quand j'y pense encore, je déteste
davantage ces Yankees qui nous tiraient dessus, avec l'estomac
plein, et le havresac bien garni.

« Un matin... il y avait un brouillard épais à couper
avec un couteau... un vrai brouillard du Mississipi, j'avais
été laver mon brin de gru dans le petit ruisseau qui
babillait près de notre tente, tandis que son eau claire et

limpide, tombant en cascatelles de rocher en rocher, courait
se perdre dans la forêt voisine.

« Le hasard, ou plutôt le diable, avait poussé là un
petit cochon blanc comme l'innocence et frais et dodu comme
un poupon.

« J'étais seul, l'endroit était retiré, et une horrible
pensée me vint au coeur. Ah, dame quand on a faim.... Tu ne
peux comprendre cela et l'apprécier à sa juste valeur, toi
qui fais bravement tes trois repas chaque jour en compagnie
de ta femme et de tes mioches.... Mais moi,... moi, le
pioupiou affamé, presque nu, le patira d'une cruelle
destinée.... Ah! La faim est une bien mauvaise conseillère.
« -- Tue-le, et finis-en une bonne fois, me disait mon
estomac.

« Et me raidissant contre ce conseil maudit, je répondais:

« -- Non, non, ce serait mal; et ma conscience?

« Et le diable ricanant, murmurait dans mon oreille:

« -- Imbécile, depuis quand ventre affamé a-t-il une
conscience?

« Puis ma faim me disait avec reproche:

« -- Quand auras-tu jamais plus belle occasion de me
satisfaire?

« --Poltron, ajoutait le diable, qui te verra dans ce
brouillard? Vois, il est à portée de ton bâton, pourquoi
hésites-tu?

« Je me bouchais les oreilles pour ne pas entendre, mais
le diable ricanait, ma faim se lamentait, et le petit

cochon frais et dodu approchait toujours.

« Tout d'un coup, vlan!... c'était fait.... Le diable
avait raison; ventre affamé n'a pas de conscience.

« Personne ne m'avait vu... je dis personne... mettez-vous
dans la tête que vous ne pouvez commettre le moindre méfait
sans qu'il y ait deux yeux qui vous épient.

« Malgré moi, je me mis à trembler et la sueur perla sur
mon front. Si quelqu'un m'avait fixé dans ce moment-là,
j'aurais perdu contenance. Je compris alors ce que dut
éprouver Caïn après qu'il eut tué Abel, et qu'il s'enfuyait,
éperonné par sa conscience.

« Mais le diable était toujours là qui ricanait et me
narguait.

« — Emporte-le, disait-il. Pourquoi es-tu là à trembler
comme un lièvre? Tu sais bien que personne ne t'a vu.

« Après tout, pensai-je, le diable a raison... personne
ne m'a vu, et sans plus hésiter j'emportai ma victime et j'en
meublai mon pot au feu qui chantait à vide sur les tisons.

« J'avais compté sans mon hôte, car quelqu'un m'avait vu,
et ce quelqu'un-là était le major du régiment. Voilà où je
vis que la Providence protège le pioupiou tout comme les gros
bonnets de ce monde.

« Si vous l'aviez connu, notre major.... C'était le
meilleur des hommes et le plus agréable des conteurs. Son
caractère était uni comme une glace. Il se levait le matin,
le sourire aux lèvres, et se couchait le soir avec le même
bon sourire. Il avait un mot aimable pour chacun de nous,

(car il n'était pas fier, le major, et il causait avec ses soldats); cela nous relevait le moral, et la vie de camp nous paraissait moins triste.

« Or j'aperçus le major qui descendait la colline et qui se dirigeait vers nous.

« Malgré moi, ma conscience se mit à me picoter furieuse-ment. Il marchait lentement, tandis que d'immenses bouffées de tabac s'échappaient de la pipe au long tuyau qu'il avait à la bouche.

« Lorsqu'il arriva où nous étions, je remarquai qu'il avait un petit air narquois, le major, et j'en eus chair de poule.

« Après avoir promené le regard autour de lui, comme pour tout inspecter, il examina avec plus d'attention notre pot au feu, puis il nous dit avec une bonhomie admirablement jouée:

« -- Je vois, jeunes gens, que nous faisons la tambouille?

« -- Ma foi, oui Major, nous cuisons notre gru.

« -- Diable, fit-il, voilà du gru qui sent diantrement bon. On pourrait le déguster sans sauce.

« Puis il continua à parler de choses et d'autres, et tout en parlant, il avait coupé une petite branche d'arbre qui se terminait en crochet comme en ont les cuisiniers pour enlever les couvercles de leurs pots.

« J'avais remarqué ce manège avec inquiétude, et dans mon trouble, je balbutiai je ne sais quoi en réponse à ce qu'il nous disait. Mais lui continuait à parler avec une bonhomie qui ne se démentait pas.

« Pendant qu'il causait, sa pipe s'était éteinte et il s'était penché sur le feu pour en retirer une braise avec son bois crochu, mais je l'avais prévenu, et je lui présentai un tison enflammé pour allumer sa pipe.

« Je vis un sourire sur ses lèvres et il me remercia de mon attention, mais ce sourire-là me fit frémir; il y avait un boisseau de malice dans ce sourire.

« Pour comble de malheur, la maudite chaudière faisait un bruit infernal avec ses ploques, ploques, ploques, enfin tu sais, le bruit que fait une chaudière quand cela bout, et il nous arrivait des odeurs de sauce à vous en lécher les barbes.

« Pour créer une diversion, je cherchai à attirer l'attention du major vers de la fumée qui montait à l'horizon.

« -- Tiens, que je lui dis, voilà les gunboats qui se promènent là-bas... veillons au grain... nous en aurons du carambolage.

« Mais le major impassible, ne semblait pas vouloir s'éloigner de la maudite chaudière qui jasait agréablement dans le moment, et qui avait mis une sourdine à ses ploques, ploques, ploques.

« Mais voilà que tout d'un coup, au moment où je m'y attendais le moins, le major fit sauter le couvercle du pot avec sa branche crochue et exposa à la vue le petit cochon qui paraissait dormir du sommeil de l'innocence dans une auréole de vapeur parfumée.

« Je restai pétrifié.... J'étais pris en flagrant délit....
Il n'y avait pas moyen de s'en tirer.

« -- Tiens, dit le major en montrant du doigt la tête du
petit cochon, qu'est-ce que cela?

« -- Ça, répondis-je en balbutiant,... ça, ce n'est pas du
gru.

« -- Parbleu, il ne faut pas être malin pour voir ça,
dit-il.

« -- C'est vrai, Major, c'est un cochon de lait... plus
ou moins.

« -- Plus ou moins, dit-il en fronçant le sourcil, et
comment diable ce petit cochon se trouve-t-il dans cette
chaudière?

« J'aurais voulu me trouver à cent pieds sous terre, et
balbutiai: « C'est un cochon de lait, je ne le nie pas...
mais s'il se trouve là, c'est qu'il est venu s'y fourrer à
mon corps défendant. »

« -- Diable, fit le major.

« -- Oui, Major, à mon corps défendant. Figurez-vous que
ce matin, on a distribué la ration, et j'avais été tout
bonassement au ruisseau pour laver mon gru. J'étais penché
sur l'eau, pensant à la femme et aux mioches que j'ai
là-bas en Louisiane, et, tenez, Major, j'en avais le coeur
aussi gros que cette colline, quand tout à coup j'entends un
grognement féroce derrière moi. Le croiriez-vous, Major,
c'était ce cochon de lait qui s'était précipité sur moi et

qui cherchait à me dévorer.... Dame! vous comprenez...
l'instinct de la préservation... je ne pouvais pas me
laisser dévorer... je me dresse d'un bond; je saisis un
bâton, et vli et vlan, je frappe à droite, à gauche...
j'atteins l'animal furieux.... Il tombe mort... j'étais
sauvé.

« -- Sapristi, dit le major, vous étiez perdu si ce petit
cochon avait eu la force d'un sanglier.

« Il raillait, le major, mais je connaissais son coeur....
Il avait souri, j'étais sauf.

« -- Scrongnenieux, Major, pouvais-je faire autrement?
Lui mort, devions-nous le laisser là pour que les oiseaux
du ciel en fassent ripaille? Il n'aurait plus manqué que
cela.... La chaudière était vide sur les tisons... et
voilà comment elle se trouve garnie de la carcasse de ce
petit cochon qui voulait me dévorer.... N'avais-je pas
raison de dire, Major, qu'il est là à mon corps défendant?

« Le major ne répondit rien d'abord, mais il ne souriait
plus.

« -- C'est vrai, dit-il, vous ne pouviez pas vous laisser
dévorer, mais croyez-moi, si par hasard un autre cochon de
lait aussi féroce vous attaquait, fuyez à toutes jambes et
criez au secours, s'il le faut. Il ne faudrait pas vous
exposer deux fois à être vu comme je vous ai vu ce matin,
vous comprenez?

« Et il s'éloigna, me laissant tout saisi. Ah! la
Providence... si un autre que le major m'avait vu, tu ne

vois pas cela? »

   -- Et le diable, mon oncle?

   -- Le diable, farceur que tu es, le diable riait dans sa barbe de ma déconfiture, tandis que ma conscience consternée pleurait à chaudes larmes. Mais la faim jetait les hauts cris, étouffant le bruit de ses sanglots avec son tapage.... Elle me criait à tue-tête: « Au diable la conscience.... Mange ce cochon avant que l'ennemi ne te l'enlève. »

   -- Et alors mon oncle....

   -- Nous l'eûmes bientôt mangé, non sans regret de ne pouvoir en faire part au major.

UNE PAGE
DE MON ROMAN

Au Coin
Du Feu

La nuit se fait par degrés. Le froid est intense et le vent
qui siffle dans les branches desséchées vous coupe le visage.
Le voyageur attardé hâte le pas et souffle dans ses doigts
transis pour les réchauffer. Les boeufs cherchent l'étable
et nous attristent de leurs beuglements sinistres.

Il bruine; ce brouillard glacé pénètre les os et vous fait
frissonner.

Tout est désolé. L'hiver règne, l'hiver, ce cruel qui
tue les roses et qui chasse nos moqueurs aux gosiers
mélodieux.

Je suis chez ma voisine, une adorable femme, spirituelle
comme un démon et jolie comme un ange. Je ne sais que dire.
Quand elle passe près de moi et me fait un léger signe de
tête, avec ce sourire qu'elle seule possède, je réponds
gauchement à son salut, et je reste cloué à ma place pour
la suivre des yeux, tandis qu'elle s'éloigne gracieuse et
légère. Si je croyais à l'amour, je me croirais amoureux
d'elle.

Nous sommes assis au coin de l'âtre où flambe un bon feu.
Elle est légèrement renversée dans son fauteuil; ses pieds
mignons enfouis dans des pantoufles, vraies pantoufles de
Cendrillon, sont croisés l'un sur l'autre, et ses petites
mains sont abritées sous les replis de son châle. Il y a
dans toute sa personne un petit air de coquetterie qui me

23

grise et me trouble.

Nous causons. Rien ne porte à la causerie comme un bon feu dans l'âtre. Le pétillement des flammes qui se tordent, qui montent, qui se divisent en langues rougeâtres, et qui lèchent la bûche, tout cela se plaint, bruit et semble parler une langue mystérieuse qui fait rêver.

Le grillon qui s'était endormi s'éveille; la chaleur printanière qui envahit l'appartement le réjouit, et il chante à sa façon.

Elle. Quel est donc ce cri?... Cela porte sur les nerfs.

Moi. C'est le grillon de l'âtre, Madame.

Elle. L'affreuse petite bête. Pourquoi crie-t-il ainsi?

Moi. C'est le feu qui le réjouit.

Elle. Est-ce pour cela qu'il chante si tristement?

Moi. Il chante comme il le peut, Madame. Il n'est donné à toutes les créatures d'avoir un organe mélodieux comme le vôtre; je ferai taire le grillon, si vous le désirez.

Elle. Mon Dieu, laissez-le chanter, puisque vous dites qu'il est heureux de chanter.

Moi. Votre coeur a parlé, Madame; on ne saurait être cruelle, quand on est belle comme vous l'êtes.

Elle. De grâce, trêve de compliments. Votre visite me fait plaisir, ne la rendez pas ennuyeuse.

Moi. Ah! Madame, ce n'est pas un compliment.

(Moment de silence). A quoi songez-vous donc, Madame, vous voilà toute rêveuse?

Elle. (Rêveuse et heureuse). N'est-ce pas que le feu est

de bonne compagnie? Lorsque je me trouve près d'un bon feu,
une douce mélancolie s'empare de moi, et mon esprit se met
aussitôt à trotter par monts et par vaux, se livrant à mille
fantaisies plus folles les unes que les autres, tandis que
le regard fixé sur la bûche qui pétille, je parais plongée
dans une méditation profonde qui ne pense à rien.

Moi. Est-ce sympathie entre nous? Comme vous, Madame,
pendant les soirées si tristes d'hiver, lorsque je suis près
de l'âtre qui flambe, mon imagination se livre à mille
fantaisies qui revêtent toutes les formes, tout en chuchotant
avec mon âme. N'est-il pas étrange que sans nous en
apercevoir, sans le savoir, nous nous livrions ainsi à des
rêveries quasi jumelles? Ne dirait-on pas, Madame, que
parfois nos âmes causent ensemble à l'insu de nos coeurs?
Est-il vrai que la mélancolie soit contagieuse? Tenez, me
voilà tout rêveur aussi, et je suis ému comme un poète
élégiaque.

Elle. Peut-être l'êtes-vous, poète élégiaque.

Moi. Près de vous, Madame, quoi d'étonnant? Ne savez-vous
pas qu'il suffit du rayonnement d'un regard, pour faire
vibrer dans le coeur la corde d'or qui le lie au ciel? Et
qu'est-ce après tout que la poésie, sinon cette vibration
qui a toute la pureté et toute la douceur des mélodies
célestes? Quoi d'étrange que le coeur maîtrisé par cette
harmonie céleste devienne triste et mélancolique? Quoi
d'étrange que cette tristesse en fasse jaillir un sanglot?
Que de larmes coulent de nos yeux, et que de ces larmes

cristallisées en perles fines, le poète fasse un écrin
éblouissant, reflétant toutes les beautés du ciel?

Elle (Sérieuse). Votre pensée est trop profonde pour moi,
et je ne la saisis pas. Il me semble pourtant comprendre
que nous chevauchons ensemble sur un nuage de votre fantaisie,
et que je ressemble à un clair de lune.

Moi. Vous vous raillez de moi, Madame.

Elle. Non pas, mais votre esprit court la prétantaine
et votre coeur le suit tout haletant. Une de mes paroles
fait naître une folle pensée dans votre âme; vous
l'embellissez du brillant de votre fantaisie; vous en faites
un roman que vous enrichissez de vos illusions, et qui pour
vous se revêt de tout le charme d'une réalité... (Souriant)
... vous êtes, en vérité, trop impressionnable, et vous
pourriez en être incommodé.

Moi. Vous êtes sans pitié, Madame. Non, ne croyez pas
que je me lance dans le roman. Ce que j'en dis est une
douce réalité. Je vous blesse... pardonnez-moi... votre
regard me décontenance... je ne sais que dire. J'étais venu
ce soir, comme un ami, pour deviser gaîment au coin du feu...
Je me sentais un esprit d'enfer... j'avais mille jolis riens
à vous débiter, et voilà que je ne sais que répondre à vos
paroles ironiques.

Elle (Souriant). Vous me les débiterez une autre fois,
quand vous aurez mieux appris votre leçon.

Moi. Me voilà vaincu, désarmé, Madame; il ne vous a fallu
qu'un sourire pour cela.

Elle. C'est une belle victoire assurément.

Moi. N'est-il pas étrange, Madame, que nous, (et quand je dis nous je parle des hommes en général) que nous, dis-je, soyons si faibles... si... nuls, si aisément décontenancés par le sourire d'une jolie bouche?... Loin de vous, j'étais un fanfaron... près de vous, me voilà devenu un grand enfant; je balbutie confusément quelques paroles banales, vains sons qui tombent de mes lèvres sans même être l'écho de mon coeur, et que moi-même je trouve plates et ridicules.

Elle. En vérité vous me confondez. Vos paroles ne sont pas même l'écho de votre coeur, et c'est vous qui me le dites, après les avoir débitées avec tant de chaleureuse émotion à l'instant même? D'où venez-vous donc, mon voisin, et quelle comédie jouons-nous? Comme vous voilà surtout devenu galant. Il n'y a qu'un instant, j'étais une péri, un clair de lune, et me voilà maintenant devenue un dragon, un épouvantail.

Moi. Ne dites pas cela, Madame. Votre beauté seule m'a vaincu, car votre beauté est une royauté qui domine et qui force à plier le genou devant vous; c'est que...

Elle. (M'interrompant). Passez-moi les pincettes que j'arrange le feu, s'il vous plaît.

Moi. Ne vous donnez pas cette peine, Madame, je l'arrangerai moi-même. (Après avoir arrangé le feu.) Voilà qui est beau, n'est-ce pas? Ces millions d'étincelles qui tourbillonnent; ne dirait-on pas une pluie de diamants?

Elle. En effet, cela est merveilleusement beau.

Moi. Etre le possesseur d'autant de diamants, quel rêve.

Elle. Et qu'en feriez-vous, Grand Dieu?

Moi. Un diadème si éblouissant pour votre beau front,
que toutes les reines de ce monde en seraient jalouses.

Elle. (M'interrompant). Il me semble qu'il vient un vent
glacial par cette porte.

Moi. Je la fermerai, si vous le désirez, Madame.

Elle. C'est inutile, mettez plutôt une autre bûche sur
le feu.

Moi. (Après avoir mis la bûche). Voilà. De quoi
parlions-nous, Madame?

Elle. Je n'en sais rien.... Nous parlions politique, je
crois.

Moi. Méchante, nous parlions de vous.

Elle. (Souriant). Non, non, j'y suis. Nous parlions
des roses qui se pavanent sur le chapeau d'Arsène.

Moi. (Surpris). D'Arsène?

Elle. (Gaîment). Mais, oui, d'Arsène. Vous savez de
qui je veux parler.

Moi. Je vous jure, Madame, que je ne sais ce que vous
voulez dire.

Elle. Là, ne faites pas l'étonné. Elle est très bien,
cette Arsène. La bouche un peu trop grande, et les yeux un
peu trop petits. N'était-ce sa taille qui n'est pas élégante,
elle serait fort passable.

Moi. En vérité, Madame....

Elle. Elle est mieux que sa soeur qui est sotte comme un

panier et laide comme une chenille.

Moi. (Etourdi). De qui parlez-vous donc, Madame?

Elle. (Se levant). De la soeur d'Arsène... mais il se
fait tard.... J'en agis, avec vous sans façon.

Moi. (Le chapeau à la main). Pardon, Madame, j'ai été
indiscret.

Elle. Nullement; je vous remercie, au contraire, de votre
bonne visite. Si je n'étais souffrante, je tiendrais à ce
qu'elle se prolongeât... mais vous reviendrez... là... sans
façon, et nous parlerons d'Arsène et des roses qui se
pavanent sur son chapeau.

Moi. (D'un air contraint). Assurément, Madame, je
reviendrai.

Elle. Oui... Oui... Revenez. Nous causerons d'elle, et
le vieux grillon qui m'agace se taira pour entendre parler
de son chapeau couronné de roses. (Me tendant la main). Au
revoir donc, mon voisin.

Moi. (Lui baisant la main). Au revoir, méchante.

UNE NUIT PARMI
LES JAY-HAWKERS

Nous l'aimions bien, notre vieil oncle, nous l'aimions
d'autant plus qu'il était malheureux. Comme tant d'autres,
il avait été ruiné par la guerre civile. A son retour de
l'armée, il n'avait trouvé que ruines, là où jadis sa petite
ferme s'étalait au soleil avec une coquetterie toute
féminine.

Je le vois encore avec sa moustache grise, les yeux à
moitié fermés sous ses épais sourcils, fumant sa pipe et
lançant d'énormes bouffées de tabac vers le plafond. Quand
il fumait ainsi, il avait l'air heureux d'un Turc rêvant au
paradis de Mahomet avec ses houris.

Nous avions toutes sortes d'attentions pour le vieil
oncle, et pour rien au monde nous eussions voulu le froisser
et lui causer la moindre peine. Il était une véritable
sensitive, et nous le savions. S'il se fût imaginé qu'il
était de trop sous notre toit, son sang de vieux soldat
eût monté comme la lave d'un volcan à son front, et sans
hésiter, il nous eût quittés à l'instant même, eût-il été
certain de mourir le même soir, sur le grand chemin, au pied
du premier arbre venu.

Il nous racontait parfois ses aventures de guerre. Ses
yeux brillaient alors d'un vif éclat et, caressant sa
moustache pendant son récit, il semblait rajeunir aux
souvenirs d'un passé qui avait été bien cruel pour lui.

Un soir nous étions réunis dans sa chambre; un bon feu

31

flambait dans l'âtre, car il faisait un froid de chien. Le
vieil oncle s'était mis un peu sur le côté de la cheminée
pour protéger sa figure de la chaleur du brasier, et renversé
dans son fauteuil, il avait allongé les jambes de façon à les
chauffer le plus agréablement du monde. Silencieux comme des
sauvages, nous regardions les flammes rougeâtres qui
léchaient la bûche, lorsque nous entendîmes le son long et
sonore d'un cor de chasse.

Le vieil oncle se redressa vivement pour écouter, et
retira sa pipe de ses lèvres. Le son du cor s'en alla
diminuant; nous l'entendîmes encore une fois, puis tout
rentra dans le silence.

-- Scrongnenieux, nous dit l'oncle, ce bruit de cor a
réveillé un vieux souvenir dans mon coeur.

-- Un souvenir de guerre, mon oncle?

-- Oui, bambinos,... c'est ainsi qu'il nous appelait...
le souvenir d'une aventure que je n'ai guère goûtée à
l'époque. Du reste, de quoi voulez-vous qu'une momie comme
moi se souvienne, sinon du temps qui a précédé le jour où
il nous a fallu baisser pavillon devant ces gredins de
Yankees, et disant cela, il mâchonnait sa moustache grise.
Ça a été humiliant pour nous, ajouta-t-il, mais pas
déshonorant, sacrebleu! Quand le vieux drapeau est tombé,
c'est qu'il n'y avait plus de soldats pour le tenir debout.

-- Contez-nous votre aventure, mon oncle.

Et nous nous groupâmes autour de lui pour mieux entendre.

-- Je le veux bien, bambinos.

Il aspira lentement une énorme bouffée de tabac qu'il renvoya avec force vers le plafond, et il nous raconta ce qui suit:

« Il faisait diantrement froid ce jour-là, » dit-il. « C'était au mois de décembre et le temps était gris et brumeux. Nous chevauchions, mon ami Briquet et moi, dans le coeur de la pinière, et nos montures tiraient de la hanche et avaient la tête basse, car les pauvres bêtes trottaient depuis le matin, sans avoir mâché la moindre bouchée d'herbe.

« Le chemin zigzaguait parmi les grands pins dénudés de leurs aiguilles et qui geignaient tristement pendant que les rafales du vent secouaient leurs branches.

« Le soleil baissait rapidement et préparait son lit dans les nuages dorés à l'horizon, le veinard, tandis que nous n'avions que la terre humide pour couchette, et comme consolation, que le souvenir d'un biscuit dévoré depuis le matin.

« Mais ce n'était pas le pire pour nous, bambinos, car nous étions habitués à coucher à la belle étoile et à souper par coeur. Ce qui nous tracassait, c'est que nous étions nous deux seuls, au beau milieu de la forêt dans le repaire des Jay-hawkers, et nous savions que c'en était fait de nous si nous tombions dans leurs griffes. Ces gredins-là étaient sans pitié pour les soldats, et scrongnenieux, je dois avouer que nous ne cheminions pas sans inquiétude dans cette pinière. Aussi, nous inspections avec émotion chaque endroit touffu et suspect le long de la route.

« Tout à coup, au détour du chemin, nous aperçûmes une maison, et grande fut notre joie lorsque nous découvrîmes, par l'enseigne que c'était une auberge.

« L'hôtelier était un grand gaillard de six pieds, carré des épaules et bâti comme un hercule. Sa barbe en broussailles lui donnait un air farouche, et d'énormes sourcils ombrageaient ses yeux gris qui brillaient comme des escarboucles. Il était vêtu de peau de chevreuil. A sa ceinture était suspendu un coutelas, et il faisait jouer les ressorts d'une carabine qu'il tenait dans ses mains. Une casquette en peau de chat-ouî complétait son accoutrement. Je regrettais déjà d'avoir mis les pieds dans cette auberge, lorsque le tartare nous dit avec un gros rire: « Je vois que vous êtes soldats. »

« -- Oui, répondis-je.

« -- Hum! fit-il, il est malsain pour des soldats de voyager dans ces parages. Vous êtes ici dans le nid des Jay-hawkers, et ces gens-là n'ont pas le coeur bien tendre pour ceux qui portent l'uniforme.

« Il me sembla qu'il avait prononcé le mot _ici_ avec une intention toute diabolique, et je sentis comme un petit frisson qui me passait dans le dos. Mais qu'y faire? Il fallait faire face le mieux possible à la situation, et feignant l'insouciance la plus complète, je lui répondis en retroussant ma moustache: « Ah!... Oui... oui... les Jay-hawkers... qu'ils viennent, ils seront bien reçus. »

« Je dois encore avouer que mon coeur battait la générale dans ma poitrine quand je parlais ainsi.

« Ma réponse parut le faire réfléchir, puis après un moment de silence, il me dit: « Que peuvent deux hommes contre dix, vingt, cent hommes? Ces gens-là sont nombreux comme les cheveux sur votre tête. Enfin, » ajouta-t-il, « ce sont vos affaires. Je ne pense pas qu'ils vous tracassent ici; vous pouvez être tranquilles à ce sujet. Vous aurez ici bon gîte et bonne table. Vos montures paraissent harassées, mais je n'ai personne en ce moment pour prendre soin d'elles. Mais à la guerre comme à la guerre; voici la clef de la grange. Vous y trouverez foin et avoine en abondance, et quand vous leur aurez donné leur picotin, revenez ici, et vous trouverez le souper servi. »

« Tout cela était bel et bon, mais ses paroles ne réussirent pas à détruire la mauvaise impression qu'il m'avait faite, et à diminuer mon inquiétude.

« Nous n'avions pas tourné le dos pour aller à l'étable, qu'il sonna deux fois d'un cor de chasse que j'avais vu accroché à un clou sur la galerie. Il sonna encore deux fois de ce maudit cor, mais cette fois-ci, avec les sons plus prolongés et plus sonores. Plus de doute, c'était un signal, et le mécréant annonçait aux Jay-hawkers notre arrivée à l'hôtellerie.

« Bambinos, si on m'eût saigné aux quatre membres, je ne crois pas qu'on en eût fait sortir une seule goutte de sang. Je ne suis pas de ceux qui se disent étrangers à la peur.

Si j'avais pu m'échapper de ce guet-apens, je l'eusse fait
sans hésiter, mais où fuir? Ce signal n'avait-il pas donné
l'éveil aux bandits de la pinière? Nous étions pris, pris
comme des rats dans une ratière, et il ne nous restait plus
qu'à vendre notre vie le plus chèrement possible.

❮ Scrongnenieux! J'avais plus d'une fois essuyé le feu
de l'ennemi sans broncher, mais c'était en plein jour. Sur
un champ de bataille on tombe, c'est vrai, mais on y tombe
avec honneur au moins. Tandis que là, dans cette maudite
pinière où il faisait noir comme chez le diable, avec la
certitude de mourir assassiné par des mécréants....
Millezyeux! je m'en mordais les poings.

❮ Mon ami Briquet sifflotait et ne disait rien, mais je
voyais bien qu'il pensait comme moi.

❮ -- C'est laid, me dit-il.

❮ -- Ce n'est pas beau assurément.

❮ -- Il faudra bien danser puisque nous sommes dans la
danse, ajouta-t-il, puis il se remit à siffloter en faisant
jouer les ressorts de sa carabine et de son revolver.

❮ Je fis comme lui;... Nos armes étaient en bon ordre et
nous étions décidés de leur donner la monnaie de leur pièce
à ces mécréants.

❮ Chose assez drôle, bambinos, dès ce moment je redevins
calme et résolu, et nous marchâmes d'un pas ferme vers la
maison, après avoir donné bonne provision d'avoine à nos
montures.

❮ L'hôtelier n'était plus là. Un nègre, espèce de

factotum dans cet endroit maudit, nous reçut avec force
salutations.

« -- Le boss est parti en expédition dans la pinière avec
quelques amis, nous dit-il, et vous prie de l'excuser. Du
reste, il désire que vous vous installiez ici, sans façon,
comme chez vous.

« Et disant cela, il grimaça un sourire qui nous permit
de voir l'ivoire de ses trente-deux dents. Le moricaud
jouait son rôle admirablement;... on lui eût donné le bon
Dieu sans confession.

« Nos doutes se confirmaient. Le mécréant avait été
chercher du renfort; il reviendrait dans la nuit avec ses
amis pendant que nous serions plongés dans le sommeil, puis
... couic.

« Briquet sifflotait toujours. Nous échangeâmes un
regard... nous nous comprenions. Il ne restait plus qu'à
attendre les événements.

« Un bon feu flambait dans l'âtre et un repas copieux
avait été servi pour nous. Le moricaud, son oeil sournois
et son ricanement qui me portait sur les nerfs, nous invita
à nous mettre à table. Nos estomacs criaient famine, et
oubliant pour le quart d'heure que nous prenions peut-être
notre dernier repas, nous mangeâmes avec un appétit d'enfer.
Nous n'échangeâmes pas un mot pendant tout le souper.

« Le repas fini, le moricaud nous dit que nous avions
bonne chambre et bons lits où nous reposer. Il parut
contrarié lorsque je lui répondis que pour des soldats comme

nous un lit était chose trop douillette et que nous
trouverions bien un coin où nicher pour passer la nuit. Il
nous fit un grand salut, et s'en alla.

« Nous étions seuls dans l'hôtellerie, et maintenant que
notre faim était apaisée, nos inquiétudes revinrent de plus
belle. Nous avions allumé nos pipes et nous regardions
flamber les bûches dans l'âtre, plongés dans des réflexions
qui n'étaient pas des plus gaies.

« Briquet ôtant sa pipe d'entre ses lèvres me dit encore:
« C'est laid. »

« Je lui répondis par un signe de tête.

« -- Si nous en échappons, ajouta-t-il, nous pourrons
brûler une fière chandelle en l'honneur de notre ange
gardien.

« Malgré nous, un soupir gonfla nos poitrines.
Scrongnenieux, bambinos, il n'y a pas à dire, la mort était
là qui ricanait autour de nous et on ne regarde pas cette
cruelle en face sans un petit frisson d'épouvante.

« Pour comble de malheur, il faisait un temps abominable.
Le vent sifflait dans les grands pins avec des sons lugubres
qui nous étreignaient le coeur. Nous nous demandions si
demain naîtrait jamais pour nous. Il faut passer par une
filière de cette espèce pour savoir ce qui vous trotte dans
la cervelle dans ces moments-là.

« Nous gagnâmes l'étable et nous nous installâmes le
mieux et le plus commodément possible pour nous préserver
du froid qui augmentait toujours. Nous avions nos armes à

nos côtés, attendant, le coeur serré, ce qui ne pouvait
manquer d'arriver, mais bien décidés de donner une réception
militaire aux gredins de la pinière.

« Quelle nuit, Grand Dieu!... Il nous semblait que les
minutes étaient des heures, et le moindre bruit nous faisait
tressaillir. Combien de temps cela dura, je n'en sais rien.
Enfin accablés de fatigue, le sommeil nous gagna et nous
nous endormîmes profondément.

« Je fus éveillé par un bruit confus de voix. Plusieurs
personnes parlaient ensemble et des rires se mêlaient à
leurs paroles. Mon coeur fit un bond dans ma poitrine et je
me dressai comme mû par un ressort.

« -- Briquet, fis-je à mi-voix.

« -- Je suis prêt, répondit-il, et j'entendis le clic-clic
de la batterie de sa carabine qu'il faisait jouer.

« Les personnes approchaient; nous pouvions presque
comprendre ce qu'elles se disaient. Ils riaient, les
mécréants, tandis que nos coeurs faisaient tic-toc dans nos
poitrines, car pour nous la mort était là qui ricanait à nos
côtés et le moment suprême était arrivé. Nous distinguions
maintenant le bruit de leurs pas. Ils devaient être au
moins une dizaine, et ils se dirigeaient vers la grange.

« -- Où diable se sont-ils fourrés pour passer la nuit,
dit l'un deux.

« -- Dans le foin comme des lapins, je suppose, répondit
un second, et tous de rire de sa saillie.

« A ces paroles, mon sang ne fit qu'un tour dans mon

coeur.... Nous... Nous, des soldats... des lapins?...
Millezyeux! Cette insulte me fit bondir, et je grommelai
entre mes dents: vous verrez, mécréants, à quel genre de
lapins vous aurez à faire. Briquet, lui, sifflotait tout
doucement.

« -- L'idée, dit un des mécréants, de coucher dans le
foin de la grange quand il y a de si bons lits dans la
maison.

« Oui, oui, pensai-je, de bons lits où vous auriez pu
nous assassiner sans danger pour vous.

« -- Bah! dit un troisième, coucher dans un bon lit ou
coucher dans le foin, où est la différence si l'on se repose.
Avec cela qu'ils doivent avoir pas mal besoin de repos, les
pauvres diables. Laissons-les dormir en paix. Il est
temps, du reste, que nous fassions comme eux. Bonsoir
voisins, bon sommeil.

« Nous entendîmes de nouveaux éclats de rire, tandis
qu'ils s'éloignaient chacun de son côté.

« C'est une feinte, pensai-je.... Ils ne se sentent pas
assez nombreux pour nous dénicher de notre fort; ils
reviendront en plus grand nombre, c'est clair.

« Mais nous avions beau écouter, rien... plus rien. Nous
n'entendions que le vent qui rafalait toujours dans les
grands pins. Par degrés, le sommeil s'empara de nous, et
sans nous en apercevoir, nous nous endormîmes de nouveau.

« Quand je m'éveillai, il faisait grand jour. Le ciel
était pur, le vent en avait chassé les nuages et le soleil

brillait avec éclat.

« Ah! Bambinos, comment décrire ce que j'éprouvai de
joie dans cette transition d'une inquiétude mortelle à la
certitude que nous ne courions plus de danger, et que nous
pouvions encore regarder avec espoir dans l'avenir. Lazare
ressuscité ne dut pas être plus heureux que je l'étais.
Comme notre pas était léger en allant à la maison, bambinos!

« L'hôtelier s'était levé tard aussi, il faisait ses
ablutions dans la cuvette d'étain au coin de la galerie. Il
nous reçut le plus civilement du monde. Décidément, il
n'était pas aussi tartare qu'il en avait l'air.

« -- Vous avez dû bien dormir, nous dit-il un peu
goguenard; quelle diable d'idée d'aller geler dans le foin
de la grange quand vous aviez ici bon feu et bons lits?

« Nous donnâmes assez gauchement nos raisons qu'il crut
ou ne crut pas. Rien, du reste, n'indiqua qu'il ne nous
croyait pas, si ce n'est un sourire, un tantinet narquois.

« Pendant que nous déjeunions, il nous dit que la nuit
dernière il avait chassé le chevreuil au flambeau avec ses
voisins, et « tenez, » ajouta-t-il en nous montrant un
énorme chevreuil suspendu à la branche d'un chêne, « voilà
le résultat de ma chasse.»

« Je compris alors ce que signifiaient les sons prolongés
du cor de chasse qui nous avaient émus et je remerciai Dieu
d'en avoir été quitte pour la peur, avec la vie sauve.

« Cela prouve, bambinos, que souvent dans la vie nous
nous créons d'horribles fantômes qui s'évanouiraient aussi

vite si, au lieu de se laisser contrôler par la peur qu'ils inspirent, nous avions le courage de nous assurer qu'ils n'existent que dans notre imagination malade.

« Voilà ce que j'avais à vous raconter, ajouta le vieil oncle, mais gardez-vous de répéter cette histoire où je ne joue pas le rôle d'un héros.»

Lecteur, ce que je t'en dis est pour toi seul; garde-toi de le redire à ton voisin.

LE GENERAL
ALFRED MOUTON

Le Général Mouton mérite plus qu'une simple notice historique,
mais la biographie de ce citoyen orné de toutes les vertus
civiques, et de ce soldat si distingué demande une plume plus
brillante que n'est la mienne. Aussi ne tracerai-je qu'une
esquisse rapide de la vie de cet homme qui fut un des héros
qui illustrèrent le drapeau confédéré dans la lutte homérique
de 1861, et qui mourut glorieusement sur le champ de bataille
au moment de la victoire.

Il était le fils du Gouverneur Mouton, une de nos
illustrations louisianaises, qui emporta dans la tombe
l'admiration de ses contemporains et le respect de ses
ennemis politiques.

Le Général Mouton fit ses études avec honneur à West
Point. Lorsqu'il acheva ses études militaires, le pays
jouissait d'une paix profonde, et le cadre restreint des
officiers de l'armée des Etats-Unis était au grand complet.
Il revint chez son père avec le grade de lieutenant.

Il s'établit à Lafayette où il était né, et avec sa
modestie caractéristique, sans faire étalage de son savoir,
il s'occupa de la culture de sa ferme qui devint bientôt
une des plus belles de cette paroisse. Citoyen modèle, il
s'attira le respect et l'estime de tout le monde par sa
généreuse hospitalité, par la beauté de son caractère et par
sa nature franche et ouverte. Marié tout jeune, il vécut
nombre d'années dans son intérieur qu'embellissait sa jeune
épouse, digne de lui par le coeur et l'esprit, et entouré
de sa jeune famille, et quoique prenant une part active à la

43

politique du jour, il ne chercha pas à s'élever par elle aux
honneurs publics, chose qu'il eût pu aisément faire avec son
éducation et avec le prestige du nom de son père.

Il y avait, cependant, dans le coeur de cet homme si doux
de caractère, si dévoué à sa famille, une énergie indomptable
et une bravoure à toute épreuve, qualités admirables dont il
devait bientôt donner des preuves éclatantes dans le rôle
brillant qu'il était destiné à remplir dans la guerre
confédérée, guerre sans égale dans les annales du monde par
l'héroïsme de ses armées et le nombre de ses batailles
sanglantes.... Epopée écrite avec le sang d'un million
d'hommes.... Epopée qui a mis en relief des génies militaires
que l'histoire environne déjà d'une auréole de gloire et
d'immortalité.

La guerre civile de 1861 s'inaugurait par la prise du
fort Sumter, et le 26 janvier de la même année, la convention
du peuple louisianais, sous la présidence du Gouverneur
Mouton, brisait les liens qui rivaient la Louisiane à la
République des Etats-Unis, et proclamait son indépendance
comme état.

Dans la fièvre d'enthousiasme qui s'empara du peuple
louisianais, une armée de volontaires se forma comme par
enchantement, et des milliers de jeunes gens riches et
d'éducation s'enrôlèrent comme simples soldats pour voler à
la défense de la nouvelle République qui s'était formée des
états en sécession, et qui s'annonçait fièrement comme la
République des Etats-Confédérés, sous la Présidence de

l'illustre Jefferson Davis.

Les Gardes Acadiennes s'organisèrent à Lafayette, et Alfred Mouton devint le capitaine de cette compagnie qui fut incorporée dans le 18e régiment de la Louisiane. Alfred Mouton devint presque aussitôt le colonel de ce régiment qui devait laisser de sanglants souvenirs sur tant de champs de bataille.

Le 18e fut envoyé dans le Tennessee, et prit part à la série de combats qui culminèrent dans les batailles de Pittsburg Landing et de Shiloh. A Shiloh, il fut blessé grièvement. A la tête du 18e et des Gardes d'Orléans, il fit cette charge célèbre sur les redoutes de l'ennemi dont le feu décima ses soldats.

Promu Brigadier Général pour sa bravoure sur le champ de bataille, il fut transféré avec son corps d'armée en Louisiane que menaçait l'armée d'invasion du Général Banks.

Il commanda l'arrière-garde de l'armée confédérée qui retraitait devant l'armée supérieure en nombre de l'ennemi et lui livra bataille à Bisland, sur le Têche, la tenant en échec pendant que l'armée confédérée retraitait en bon ordre et sauvait tout son matériel de guerre. Le Général Mouton continua à harceler l'ennemi, et à Pinhook, sur le Vermillon, il lui livra une seconde bataille. Toujours retraitant et toujours combattant, il réussit à retarder le progrès de l'ennemi, tandis que les confédérés se massaient sur la Rivière Rouge. L'armée confédérée, mieux organisée maintenant, était plus en état de résister à l'ennemi.

Agissant avec prudence et méthode, nos généraux attiraient
l'ennemi dans le haut de l'état, loin de sa base d'opération,
pour lui livrer une bataille décisive et l'anéantir d'un
seul coup.

Le prélude de cette bataille fut la sanglante escarmouche
de Pleasant Hill. Le surlendemain, l'armée confédérée qui
avait pris position sur le terrain accidenté de Mansfield,
gagna cette victoire qui mit fin à l'invasion de l'armée de
Banks.

De cette bataille je ne dirai rien, car elle est du
domaine de l'histoire. Je dirai simplement que le gain de
cette bataille a été dû à la bravoure et aux talents
militaires du Général Mouton qui mourut, assassiné lâchement
par les Fédéraux après qu'ils s'étaient rendus.

Ainsi périt le Général Mouton, dans l'enivrement de la
victoire, alors que les cris de triomphe de ses soldats
proclamaient son succès.

On enterra le Général Mouton sur ce champ de bataille
qu'il venait d'illustrer par sa bravoure et par son génie
militaire. Il repose à cette heure à Lafayette, près des
siens, dans le cimetière catholique de ce village.

Cette esquisse biographique ne contient que les faits
saillants de la vie de cet homme sans tache ni reproche, et
qui mourut martyr d'une grande et belle cause. Dieu veuille
que l'oubli, ce second linceul des morts, comme le dit si
bien Alfred de Musset, ne l'ensevelisse pas, et ne chasse
pas son souvenir des coeurs louisianais. Dieu veuille qu'un

jour vienne où la reconnaissance de la Louisiane lui érige
un monument commémoratif de ses vertus civiques et de ses
talents militaires.

Louise Augustin Fortier (1850-1924) naquit à la
Nouvelle-Orléans. Descendante d'une famille
française réfugiée de St. Domingue lors de la
Révolution des Noirs, elle passa toute sa vie à
la Nouvelle-Orléans où elle épousa G. Fortier.
Professeur de français pendant trente-cinq ans à
McDonough High School à la Nouvelle-Orléans elle
se consacra aux belles-lettres. Membre de
l'Athénée Louisianais, elle reçut pour ses travaux
littéraires la Médaille d'Or en 1914.

LE BON
VIEUX TEMPS

Souvent par une de nos claires après-midi d'avril ou de mai

lorsque les jeunes filles circulent en toilettes légères

et que les trottoirs de notre bonne ville de la Nouvelle-

Orléans encore ensoleillés ont cet air de fête d'un beau

printemps, les familles, enfants, mères et grand-mères,

assises confortablement dans de vastes berceuses sur leurs

galeries où grimpent à qui mieux mieux la rose et la glycine,

regardent passer en souriant la foule joyeuse qui se presse

par le beau temps dans les principales avenues. Il ne fait

ni chaud, ni froid, mais délicieux. Le long des grands

jardins fleuris on aspire à pleins poumons la sève semi-

tropicale qui monte et s'échappe en arômes parfumés, s'étale

en tons vifs de verdure, fait gonfler à éclater les jeunes

rameaux des arbres, et prête à la brise cette douceur qui

nous fait penser qu'il est si bon de vivre. Par une de ces

claires après-midi, l'on voit passer quelquefois dans la

foule un homme dont les cheveux blanchis par le temps le

proclament un vieillard mais qui se tient fort droit. Aux

49

soins particuliers qu'il prend de sa personne, à son haut
chapeau bien lustré, à l'élégance et à la grâce de son
salut, de son maintien devant les dames, les jeunes filles
qui le voient passer, sourient, chuchotent, et se disent
tout bas dans ce charmant murmure de jeunes colombes:
« C'est de la vieille école.» Et c'est justement de cette
vieille école, c'est de ce bon vieux temps, déjà si loin,
dont la légende a bercé notre jeunesse, que nous avons vu
penché en cheveux blancs sur notre berceau, dont je viens
réveiller ici le souvenir.

Laissez-moi, mes amis, fermer les yeux et, remontant le
cours de ce fleuve profond, le passé, vous raconter une des
histoires de ma vieille grand-mère, une histoire du bon
vieux temps.

Ce que c'est que le souvenir! Je vois encore ma grand-
mère. Elle était petite et svelte, l'air un peu sévère
mais plein de dignité. Si vous avez vu des vieux portraits
de 1827, vous l'avez vue comme je la voyais moi-même quand,
assise à ses pieds, je la regardais. Elle était assise dans
sa vieille boutaque recouverte de cuir à petits clous dorés,
sa tête protégée d'un fin bonnet de crêpe noir, ses belles
boucles argentées faisant ressortir la finesse de son pur
profil. Elle ne causait plus, elle voyait le passé.

I

Le Pressentiment

« Dans mon temps, » me dit-elle, en me regardant enfin, « on
se mariait jeune; j'avais treize ans, M. de Lhomme, mon mari,

en avait vingt.

« J'étais la dernière, la gâtée de la famille; les autres enfants étant mariés, j'étais restée seule avec mon père qui, veuf très jeune, ne s'était jamais remarié et avait voué sa vie entière à l'éducation de ses enfants. Aussi, ses enfants l'adoraient, tout simplement.

« Le mariage n'avait guère changé ma vie. M. de Lhomme et moi vivions chez mon père sur la vieille habitation familiale, à St. Charles; mon père en me mariant n'avait fait que gagner un fils de plus.

« C'était le 21 décembre, il était onze heures du soir, nous attendions, mon père et moi, René, M. de Lhomme que des affaires pressantes avaient appelé à la Nouvelle-Orléans, à vingt milles de l'habitation. Mon père debout devant la cheminée de sa chambre où flambait sur les chenets de cuivre un beau feu clair de bois sec, décrocha son fusil de chasse et l'examina soigneusement; le lendemain, à deux heures du matin, il devait chasser la bécassine. J'étais appuyée à la large fenêtre dont les vitraux baissés me permettaient de voir sur la route les tourbillons de feuilles mortes balayées par le vent et j'écoutais, avec anxiété, si le pas d'un cheval ne se ferait pas entendre. La nuit les routes étaient désertes, les nègres marrons dangereux. Mon père surprit mon regard anxieux et s'avançant, passa tendrement son bras autour de ma taille et je posai, en dissimulant une larme, ma tête sur cette bonne épaule si paternelle: « Quel bébé tu fais, mon Aimée chérie. As-tu peur des nègres

marrons pour ton grand René, qui n'en ferait qu'une bouchée,
fussent-ils dix contre un! » Un petit frisson me courut par
le corps, et me serrant contre lui, je dis bien bas: « Père,
j'ai peur. » Nous fîmes quelques pas vers la fenêtre, mon
père l'ouvrit. Aussitôt un tourbillon de feuilles mortes,
poussé par la rafale, s'engouffra dans la chambre, les
flambeaux s'éteignirent subitement, et par la fenêtre ouverte
un long et plaintif hurlement se fit entendre dans le profond
silence du grand parc. Je tressaillis. Une seconde fois le
hurlement éclata mais si lugubre, si prolongé, qu'instinctive-
ment je m'élançai des bras de mon père pour fermer la
fenêtre. Minuit sonnait à la pendule de bronze. « C'est ma
vieille Diane, » dit mon père; il avait un peu pâli.

« Quant à moi, je frissonnais des pieds à la tête. Les
vieilles légendes de la famille que ma nourrice noire m'avait
si souvent contées, légendes qui, tout enfant remplissaient
pour moi de terreur, quand venait la nuit, chaque coin de
l'antique demeure, me revinrent à l'idée. Surtout
l'apparition de mon grand-père, la nuit, dans les allées du
parc, apparition qui toujours présageait un malheur me glaça
de terreur. Un troisième hurlement de Diane, aigu et
lamentable comme un cri d'appel ou de détresse, vint me
frapper au coeur. Mon père s'élançait vers la porte pour
faire taire la pauvre bête, quand le galop d'un cheval
retentit dans la nuit profonde. Des pas précipités firent
crier les marches de l'escalier et une voix forte, jeune,
impérieuse se fit entendre: « Paix, Diane! ici, aux pieds. »

Le silence se fit immédiatement, Diane s'était tue. La porte de la chambre s'ouvrit. René, plein de force, de jeunesse, et de vie parut sur le seuil; je tombai dans ses bras presque inanimée. Une heure après, tout dormait à La Branche et l'on n'entendait plus que la voix grondante du vieux fleuve qui, agité par la tempête, ◀ un coup de nord, ▶ comme l'appelaient les planteurs, frappait de ses vagues rageuses la grande levée qui le contenait. Forteresse invulnérable assiégée jour et nuit, sans trêves, par des forces ennemies et redoutables.

II

Le Vieux Pierre

◀ Joe! Joe! Joe! ▶ Un bruit sourd et régulier suivi à chaque fois d'un appel désespéré me réveilla soudain d'un profond sommeil. Je saisis le bras de René; je le secouai avec terreur. M. de Lhomme se leva précipitamment et se rendant compte de l'appel désespéré qui se prolongea en un long gémissement, il ouvrit la porte qui donnait sur la galerie; il avait reconnu la voix, c'était Pierre, notre bon vieux nègre Pierre. L'esclave terrorisé se précipita dans la chambre en gémissant: ◀ Maître! Maître! La guerre des noirs, yé là, yé là, tou pré. Sauvé, o sauvé mo piti maîtresse! ▶ Et il se jeta à genoux devant moi, courbé en deux, suppliant, ses cheveux blancs hérissés par la terreur. M. de Lhomme s'était précipité sur la large galerie qui

donnait sur la grande route du fleuve, les pieds nus, dans
sa robe de nuit, sans s'inquiéter du manteau que Pierre
avait jeté sur ses épaules, sans s'inquiéter du vent glacial
qui soufflait avec violence. Il écouta, la tête penchée en
avant, recueillant avidement les bruits sourds que le vent
d'orage apportait nettement à ses oreilles. Pierre ne
s'était pas trompé. A l'horizon, une bande lumineuse d'où
sortaient, par moments, en longues fusées, des flammes
rouges et sinistres, empourprait le ciel, et l'oreille habile
du jeune chasseur reconnut sur la terre du chemin, le bruit
sourd de pas multipliés qui se rapprochaient. Il courut à
la chambre de son beau-père; elle était ouverte. Il était
déjà parti pour la chasse. Une clameur furieuse apportée
par le vent, frappa son oreille: « Les lâches! » murmura-t-il
les dents serrées, « cent contre un!... Mais, fussent-ils
mille, ils ne franchiront mon seuil que sur mon cadavre! »
René se précipita dans la chambre. Je m'étais levée pour
appeler mon père, mais la peur et le froid m'avaient jetée
sans force et sans voix dans les bras du vieux Pierre.

« En voyant son maître, l'esclave lut dans ses yeux sa
terrible résolution, je la vis aussi moi-même, et mes forces
me revinrent subitement: « Rene, » m'écriai-je cramponnée à
son bras, « si tu restes, je reste aussi! » Le vieux nègre
aux genoux du maître gémit: « Maîte! maîte! Quand va
mouri, qui ça yé va fé mo pove piti maîtresse? » René avait
tressailli. Ce n'était que trop vrai.... Son ange adoré,
sa jeune et belle compagne, la proie de ces barbares

noirs... de ces sauvages plus que cruels.... Sa poitrine
se souleva, ses poings se crispèrent. Non, non, quelle
folle idée avait pu traverser ainsi son cerveau. Il ne
s'agissait pas de lui, mais d'elle... de sa femme adorée.
Pierre avait raison. D'une voix altérée mais ferme, il cria
à Pierre: ≪ Dans le ravin, Pierre, dans le ravin, si nous
avons le temps, nous sommes sauvés!... Montre-nous le
chemin! ≫ Il arracha rapidement la couverture au lit, m'en
couvrit tendrement, me saisit dans ses bras vigoureux, me
soulevant comme une plume: ≪ Marche Pierre! ≫ cria-t-il,
d'une voix brève. Tout cela ne prit qu'une minute et les
deux hommes partaient en courant, l'esclave et le maître
emportant dans la nuit sombre le fardeau le plus précieux
pour eux: l'un la vie de l'enfant bien-aimée qu'il avait
vue naître, qu'il avait tenue dans ses bras, qu'il aimait
autant que ses propres enfants; l'autre, le fardeau léger
de la femme adorée pour laquelle il aurait donné facilement
sa vie.

≪ Mais aurions-nous le temps de gagner le ravin? Pierre
tout en prenant le chemin le plus court, tournait en
courant la tête vers la grande route d'où nous arrivaient
des clameurs confuses, des cris menaçants, furieux. Ces
cris leur donnaient des ailes; ils ne couraient plus, ils
volaient. René portait fièvreusement la main sur son
ceinturon d'où sortait le canon de deux pistolets chargés
et me serrait convulsivement sur son coeur. Pierre courait
toujours. René le suivait haletant; déjà nous touchions au

bois. Les clameurs devenaient de plus en plus lointaines,
mais le ravin, le ravin, aurions-nous le temps d'y arriver?
« René, mon bien-aimé, » murmurai-je à son oreille, « tue-moi,
sans pitié, je t'en supplie, mais ne me laisse pas tomber
dans leurs mains. » Et j'entourai son cou de mes bras
suppliants. Je sentis tout son corps frissonner. Il ne
répondit rien.

« Nous avions laissé le grand chemin et depuis un moment,
nous nous étions engagés sous bois, dans un petit sentier
imperceptible que Pierre, armé d'un grand couteau de chasse,
débarrassait avec peine des grands chardons épineux, des
longues branches traînantes des mûres sauvages. Le mois de
décembre avait été doux et sec. Les mûriers n'avaient perdu
que peu de feuilles, et leurs lianes entrelacées et d'un
vert sombre formaient encore des fourrés épais. Pierre
marchait sur un terrain connu. Tout d'un coup il s'arrêta
et fit un signe. René me déposa doucement à terre. « Il
faut te traîner à genoux, ma chérie, » me dit-il, « du
courage, et nous sommes sauvés! »

« Il se mit à genoux, se traînant sous des branches
entrelacées; je suivis son exemple et celui de Pierre qui se
trouvait aussi résolument en avant, le couteau levé. Je
sentis que le terrain descendait tout doucement. René
devant moi tenait une de mes mains, me tirant de son mieux.
Mes genoux et mes pieds nus s'écorchaient et saignaient sous
les égratignures douloureuses des épines sauvages, mais
l'idée de sauver René, d'échapper aux noirs, me donnait un

courage, une force surhumaine. Les lianes entrelacées sous
lesquelles nous nous traînions, semblèrent se soulever
d'elles-mêmes. Bientôt elles formèrent sur nos têtes un
berceau de verdure; le sol devint uni, velouté. Nous
descendions une pente douce et gazonnée, le talus du ravin.
Au-dessus de nous, un fouillis inextricable de hautes cannes
marronnes encore vertes, des buissons entremêlés d'aubépines
et de mûriers sauvages nous offraient un asile impénétrable.
Nous étions au fond du ravin. Une longue sécheresse nous
en avait rendu le séjour possible.

« Je me redressai sur mes genoux. René, couché à plat,
l'oreille collée au sol, écoutait. Tout à coup le fidèle
esclave tressaillit. Il se redressa d'un bond et levant son
long couteau, comme pour frapper, se planta devant moi.
René bondit à mes côtés, l'interrogeant du regard.

« Maîte! maîte! » dit-il à voix basse, « nous zote
perdis! yé traqué nous! »

« Je n'avais plus une goutte de sang dans les veines. Le
bruit de pas précipités, assourdis par la distance et
l'épaisseur du fourré, retentit à nos oreilles; une pâle
lumière, celle de nombreuses torches de résine, éclaira
facilement le fond du ravin. Je sentis le froid du fer sur
ma tempe. René y avait appuyé la gueule de son pistolet.
Je le regardai avec angoisse, dans ce moment suprême il
était pâle mais résolu. De l'autre main il me montrait
l'autre pistolet; je compris que celui-là, c'était pour lui.
A genoux, mes longs cheveux épars, tout entremêlés de

feuilles sauvages, les yeux fixés au ciel, j'invoquais
l'Etre Suprême. Rien ne pouvait nous sauver. La mort nous
couvrait de ses sombres ailes.... J'entendis sur le chemin,
devant nous, ces terribles paroles: « Yé lite té cho, yé
doite pas loin! » Une minute s'écoula... une minute... un
siècle, si le temps se compte par des émotions profondes.
Mon coeur avait presque cessé de battre; je n'appartenais
plus à la terre. Soudain, au-dessus de nos têtes dans la
feuillée du ravin, un gazouillement doux, un choeur céleste
se fit entendre, les oiseaux célébrant le retour du jour
dans cet hymne éternel qu'ils chantent à leur Divin
Créateur. Sauvés!... O Dieu de bonté! Sauvés! Je m'étais
levée, transfigurée. René me serrait dans ses bras, je
sentis ses larmes sur mon visage. Pierre à genoux baisait
mes pieds ensanglantés.

« Les oiseaux continuaient leurs chants. L'impénétrable
ravin avait gardé son secret.

III

La Victime

« Deux mortelles heures s'écoulèrent. Blottis dans le ravin,
nous entendîmes successivement les coups de fusil des troupes
appelées à notre secours et la fuite précipitée des révoltés
vaincus et fugitifs. Enfin, après un long calme, presque
gelés, nous nous hasardâmes à sortir du ravin; nous
glissâmes péniblement sous les broussailles jusqu'au grand
chemin. M. de Lhomme presque nu, à moitié mort de froid sous

le vent glacial, les pieds déchirés par les ronces, marchait
devant, un pistolet à la main. Pierre me portait mourante
dans ses bons bras fidèles. J'entourai son cou de mes bras
défaillants et baisai religieusement sa vieille figure toute
ridée, en murmurant à son oreille: « Merci, mon vieux Pierre,
tu nous as sauvé la vie! » Je sanglotais sur son épaule. Il
me baisa les cheveux respectueusement, tendrement, sa figure
rayonna. M. de Lhomme s'était arrêté. Il saisit la main de
Pierre d'une étreinte vigoureuse, non de maître à esclave,
mais d'homme à homme.

« Pierre » dit-il, d'une voix qu'il essayait de rendre
sûre, mais que l'émotion faisait trembler, « tu es libre!...
mon ami, tu ne manqueras jamais de rien! » Dieu en avait
décidé autrement.

« Sur le grand chemin du bois nous rencontrâmes des
groupes de blancs armés. Ils nous suivirent des yeux avec
pitié. Nous pressâmes le pas, nous arrivâmes enfin. Notre
antique demeure dont les blanches colonnes étaient encore
debout, n'était plus qu'une ruine. Le feu avait consumé le
toit, une partie de la maison fumait encore. Le jardin
saccagé, pillé, n'offrait plus qu'un amas de feuilles, de
fleurs, de plantes arrachées, d'arbres hachés, tordus,
brisés. Un cyclone humain y avait passé. J'avais repris
des forces, je m'échappai des bras de Pierre, je pensais à
mon vieux père, je ne sentais plus mes membres glacés, mes
pieds endoloris. Je ne pensais qu'à lui. Je le savais
parti avant nous, mais une terreur folle m'étreignait le

coeur. Où était-il allé dans ce désastre? S'était-il
sauvé?

« Nous courûmes tous les trois à travers les décombres,
je l'appelai d'une voix désespérée: « Père! père! n'entends-tu
pas la voix de ton Aimée chérie? » L'écho seul répondit.
Nous ne nous doutions pas de l'horrible spectacle qui nous
attendait là-haut.

« René, par instinct, s'élança devant moi; nous montâmes
avec peine l'escalier à moitié brûlé, nous nous précipitâmes
dans la maison. Tout à coup René s'arrête, m'écartant de
l'horrible spectacle. Je m'échappai de ses mains et poussai
un cri terrible. Couché en travers du seuil de sa chambre,
mutilé, la tête séparée du tronc, les pieds et les mains
coupés, mon malheureux père gisait mort, baigné dans son
sang.

« Revenu sans doute sur ses pas pour nous avertir du
danger, il était mort pour nous sauver. Le combat avait dû
être terrible; tout lui avait servi d'armes. La porte de sa
chambre indiquait qu'il s'y était réfugié, son fusil vide,
les meubles brisés, les chenets de cuivre tordus, son couteau
de chasse planté dans le coeur d'un de ses ennemis, deux
morts autour de lui, attestaient sa force encore surprenante,
et sa défense désespérée. Un rire d'insensée me prit; René
voulut en vain m'arracher de ce funeste endroit, ma raison
s'était égarée. Dieu dans sa clémence m'en avait privée
momentanément. Pierre s'était jeté sur le corps de son
maître; la fatigue, le froid, les terribles émotions de la

nuit, l'avaient anéanti. A un tremblement convulsif de tous
ses membres, avait succédé une immobilité complète. M. de
Lhomme, fou de douleur, voulut le relever, lui porter secours,
mais son coeur fidèle avait cessé de battre. Pierre était
mort sur le corps de son vieux maître. »

Ma vieille grand-mère se tut, des sanglots convulsifs
agitaient son corps frêle. En vain avais-je essayé de
l'arrêter pendant le cours du récit. Emportée par ses
souvenirs, elle revivait le passé et semblait y avoir
retrempé ses forces. Mais le récit fini, une sorte de crise
nerveuse l'avait saisie. Je l'entourais de mes bras,
j'inondais son beau visage de mes larmes, j'embrassais ses
rides vénérables, cicatrices glorieuses du temps, faites de
sacrifices et de dévouements, et sous ce torrent d'affection
vraie, je sentis s'apaiser son être. Elle posa sa tête
blanche sur mon épaule, et ferma les yeux. Les vieillards,
comme les enfants, cherchent la consolation dans le sommeil.
Au bout d'une demi-heure, elle était profondément endormie.

LA FOLIE
AUX ROSES

Encore le bon vieux temps!... Qu'il est loin et près, vieux
et pourtant toujours jeune! Que de charmants et riants
souvenirs, de pittoresques et fraîches scènes le dorent et
l'ensoleillent d'un éternel printemps.

La vieille habitation qui avait survécu à la haine des
Peaux Rouges, aux révoltes des Noirs, qui avait vu arborer
successivement le drapeau français, espagnol, américain,
confédéré, était encore au moment où commence notre récit,
une vaste et commode demeure.

La large galerie qui l'entourait, ombragée par les chênes
gigantesques du parc et si typique du temps colonial, nous
réunissait le soir, aux mois de juillet et d'août, quand
nous, enfants de la ville, nous venions passer nos vacances
chez notre grande tante Elizabeth.

C'était une octogénaire qui portait avec grâce ses quatre-
vingts ans. Grande et majestueuse, elle avait des traits
fins et réguliers, des yeux bleus et vifs, des cheveux
blancs si fins et bouclés qu'ils formaient une auréole
neigeuse autour de son bonnet noir. Une grande distinction,
une certaine sévérité dans le regard nous en imposaient
toujours. Lorsque tante Elizabeth s'installait sur la
grande galerie et restait pensive et recueillie regardant
couler à ses pieds le fleuve majestueux, ou bien quand elle
rêvait, les regards perdus dans les ombres grandissantes des
vieux chênes, nos jeux bruyants cessaient peu à peu, nous
parlions tout bas, et graduellement berceuses et boutaques
sortaient comme par magie de leur coin, un cercle se formait

63

autour d'elle, ardent, impatient, un choeur de voix jeunes
et fraîches demandaient en suppliant: ‹ Une histoire, chère
tante Elizabeth! ›

Ce soir-là, comme d'habitude, elle était venue s'asseoir
au milieu de notre groupe bruyant, et plus silencieuse que
de coutume, elle n'avait même pas l'air de s'apercevoir de
notre présence.

Aussitôt les rires cessèrent, le calme remplaça le tapage
de nos jeux et de nos voix, un groupe animé mais respectueux
l'entoura, et la favorite, une idéale blonde de quatre ans
s'avança câlinement et appuyant ses boucles dorées sur
l'épaule de ma tante réclama de sa voix flûtée l'histoire
habituelle. Nos voix se joignirent à la sienne: ‹ Chère
tante, une histoire de la guerre confédérée! › Ma tante
tressaillit comme si le mot eût été une étincelle électrique.
Elle se redressa dans son grand fauteuil, ses yeux
étincelèrent, elle dit tout bas, presqu'en suffoquant:
‹ Les Yankees! › Ce mot la rajeunissait d'un demi-siècle.
D'un geste elle nous fit signe de nous rapprocher. Toute la
petite bande comme une envolée d'oiseaux, s'empressa autour
d'elle; nous pressentions quelque chose de charmant, peut-être
même d'émouvant, d'épique!

‹ C'était en '63, › commença-t-elle, ‹ la Nouvelle-Orléans
était tombée au pouvoir des Fédéraux. De temps en temps des
bandes de cavalerie fédérale conduites par un officier
faisaient irruption dans nos campagnes, brûlant, pillant,
désolant le pays. C'était, › ajouta ma tante avec amertume,

« le droit de conquête. »

Le son vibrant, fiévreux de sa voix nous étonna; nous ne lui connaissions pas cette voix. Rarement le mot Yankee n'avait frappé nos oreilles d'enfants. Nous connaissions la guerre civile comme on apprend l'histoire dans des livres, et les hauts faits de nos pères, les Confédérés, leur héroïsme, leur gloire nous avaient été racontés comme on raconte une chose qui vous tient au coeur mais qui est passée. Nos parents se gardaient bien de conserver vivante chez nous cette haine qui leur avait brûlé le coeur et qui serait devenue aussi dangereuse qu'inutile. Par patriotisme même notre génération devait être unioniste et ne connaître qu'un seul drapeau, le grand drapeau de l'Union américaine.

Au bout d'un instant, tante Elizabeth vainquit son émotion et reprit.

« Devant la maison s'étendait alors un magnifique jardin; là où cette immense levée nous coupe l'horizon, fleurissaient des roses. Toutes les beautés de la flore semi-tropicale étalaient le luxe de ses brillantes couleurs, nous embaumaient de l'arôme de ses mille parfums. Mais les roses, c'était une vraie folie. Elles s'épanouissaient partout, les blanches, les roses, les rouges de toutes les variétés, de toutes les couleurs; elles grimpaient sur les balcons, s'étalaient en charmilles, en buissons, se groupaient en masse tendre de verdure et de fleurs. On appelait notre habitation La Folie aux Roses, et c'était une vraie folie.

‹ C'était ma fleur favorite et tous les matins j'en
faisais la cueillette. J'en remplissais tous les vases de
la maison, et je couvrais de leurs pétales odorants les
rayons des armoires, les tiroirs; elles se glissaient jusque
dans mon bain. C'était mon innocente passion. Mes fils
étaient partis pour la guerre. Un seul m'était resté, mon
pauvre infirme, qui depuis cinq ans couché sur un lit de
douleur pouvait à peine le quitter. Il n'y avait plus ni
gérant, ni travailleurs, les terres restaient en friche et
j'habitais seule avec mon fils infirme un coin de notre
immense demeure.

‹ Ce soir-là ma femme de chambre qui couchait habituelle-
ment près de moi sur un lit de repos m'avait demandé d'aller
dans le camp coucher chez elle. Après avoir fait ma longue
toilette de nuit, allumé ma veilleuse, je suivis Martine
jusqu'à la porte et tirai soigneusement les verrous; elle
sortit. Je m'endormis bientôt d'un profond sommeil. Je ne
sais à quelle heure de la nuit ce sommeil fut violemment
interrompu. Des coups redoublés à la porte de la chambre à
côté de la mienne, des hennissements, des pas retentissants
de chevaux, des cliquetis de sabre, me réveillèrent en
sursaut. Je crus que c'était un cauchemar, étant à peine
éveillée. Mais les coups redoublèrent à la porte. Bientôt
je l'entendis céder, et la terrible réalité me revint à la
mémoire; c'était la guerre!... c'était les Yankees!... Une
terreur folle s'empara de moi. Je sautai au bas du lit. Je
pensai à mon pauvre infirme. Je courus à sa chambre, il n'y

était plus.... Où était-il? Qu'était-il devenu? Ces
monstres à face humaine, qu'en avaient-ils fait? Je me
précipitai à la fenêtre de ma chambre, je l'ouvris et là,
sous le grand chêne, la corde au cou, mon malheureux fils
se débattait contre ces soldats inhumains. Je tombai à
genoux, j'invoquai avec ferveur ce Dieu de miséricorde, ce
Père Céleste qui ne laisse pas tomber un seul de nos cheveux,
et mes forces me revinrent subitement. Tout cela n'avait
pris qu'une minute. Je m'étais relevée devant un grand
miroir qui masquait tout un panneau de ma chambre; mes longs
cheveux s'étaient déroulés, ils me tombaient jusqu'aux pieds
et m'enveloppaient d'un nuage. En levant les yeux je me vis
dans le miroir; à la pâleur de mon front, avec ma longue
robe traînante, je tressaillis.... J'avais cru voir une
apparition vengeresse, l'ange du foyer descendu pour le
défendre. Une idée subite et folle me vint à l'esprit.
J'écoutai attentivement, j'entendis des pas lourds et
retentissants et le bruit d'une armoire qu'on défonçait, mon
armoire... où je mettais les choses les plus précieuses, mes
bijoux de famille.... Les misérables.... Et mon fils!...
Je courus à la fenêtre, mon malheureux fils était encore là,
mais gisant à terre inanimé.... Ma résolution était prise.
Je couvris de poudre ma figure, mon cou, mes mains, et
j'ouvris doucement la porte de ma chambre. Sans bruit, sans
être aperçue, je me glissai dans l'angle le plus proche
vis-à-vis de la fenêtre ouverte où entraient tamisés par
la verdure du parc les rayons incertains de la lune.

J'attendis.... C'était bien un officier yankee, là, devant
mon armoire, un tout jeune homme, grand et fort.... Il ne
me voyait pas, il ne m'avait pas entendu entrer. L'armoire
était grande ouverte. Une odeur parfumée de rose était
répandue dans toute la chambre, et l'officier, les deux
mains remplies de leurs odorants pétales y avait enfoui son
visage. Je n'avais plus peur... la haine, l'indignation, la
colère, l'idée du danger de mon fils, cette désécration de
mon foyer, là, devant mes yeux, me donnèrent une force
surnaturelle. Je m'avançai d'un pas. L'officier entendit
le léger frôlement de ma longue robe sur le tapis, il leva
la tête.... C'était le moment.... J'étendis le bras et
avec une faible voix, un souffle qui semblait un murmure
lointain de la tombe, je lui dis les seuls mots anglais que
je connusse: « Go away!... » Je le vis tressaillir... il
m'avait aperçue.... Non, jamais la terreur ne fut mieux
exprimée que celle qui se peignit sur ses traits. Ses mains
tremblantes laissèrent échapper leur moisson de roses, son
corps fut secoué d'un violent frisson, ses dents claquèrent,
il me regardait la bouche ouverte, ses jambes mêmes
semblèrent se dérober sous lui. Je m'avançai résolument
d'un pas, mes longs doigts glacés et pâles touchèrent son
épaule. En ce moment un rayon de lune glissant dans les
interstices du feuillage m'enveloppa comme d'une lumière
surnaturelle. Je fis un autre pas et murmurai plus faible-
ment encore: « Go away. »

« Pour cette fois le jeune homme n'y tint plus. Il

tourna sur les talons, pris d'une terreur folle et s'enfuit.
Je l'entendis crier d'une voix étranglée à ses compagnons
sur la galerie: « Haunted! Haunted! » Je le suivis
mécaniquement, mes doigts toujours étendus. A mon apparition
sur le seuil de la porte, les soldats déjà en panique à la
disparition précipitée de leur chef, le suivirent en poussant
une clameur frénétique et j'entendis bientôt le galop des
chevaux et la fuite précipitée de l'escouade.

« Je voulus courir à mon fils pour lui porter secours
s'il était encore temps. Mais la force surnaturelle qui
m'avait soutenue jusque là me manqua. Mes genoux ployèrent
sous moi et, dans la froide nuit, sous les pâles rayons de
la lune, je glissai inanimée sur le plancher, inerte et
glacée, comme le pâle fantôme que j'avais si merveilleusement représenté. »

C'est une bien simple histoire que ces quelques pages de
notre Chronique louisianaise. Elle a un seul mérite, celui
de la vérité et celui, plus puissant encore, d'un souvenir
douloureux mais toujours cher à tous les coeurs du Sud; le
souvenir de cette Confédération héroïque, toute trempée du
sang de nos pères et toute remplie de leur gloire.

La Confédération n'existe plus, mais il est bon de la
faire renaître de ses cendres afin que la jeune génération
présente, que les générations à venir puissent échapper à
cette triste faiblesse de l'humanité, l'oubli, et couronner
d'une auréole la Confédération perdue, en disant: « Si
nous avons été des vaincus, nous avons été des vaincus
glorieux. »

Quant à l'idée de la Confédération, elle peut rester en
germe. Le Temps, ce grand semeur, est patient; il tient les
siècles dans ses mains.

Un Incident de la Guerre Confédérée

Mon amie Christiane était une belle brune, au teint chaud,
coloré, possédant des yeux magnétiques, pleins de feu, et
surtout cette grâce suprême qui est un des plus grands
charmes de la Créole.

Elle m'a raconté cet épisode de sa jeunesse et de la
guerre confédérée, et je vous le donne dans toute sa
véridique simplicité.

Que ne puis-je dire avec cette émotion contenue, ce
sentiment profond, né d'un douloureux souvenir, comme

71

peuvent seuls l'éprouver ceux qui ont vécu les quatre années
de cette lutte héroïque du Sud contre le Nord.

‹ C'était en été, › me dit-elle, ‹ ce triste été de 1863,
pendant l'occupation de la Nouvelle-Orléans par les troupes
fédérales. Nous étions tous autour de la table, mon père, ma
mère, mes deux petites soeurs et moi. Par les fenêtres
grandes ouvertes entraient à flot la lumière de la lune, de
cette éclatante lune de nos étés louisianais qui vous fait
douter s'il a jamais fait nuit.

‹ De douces senteurs nous arrivaient des rosiers chargés
de fleurs qui encadraient les fenêtres et la grande véranda
de l'entrée. Nous parlions avec émotion et bien bas, tout
bas, de la guerre; les délations étaient fréquentes, les
visites domiciliaires aussi, le régime militaire nous
étreignait. Sous la discrète lumière de la lampe à abat-
jour, de grands papillons nocturnes, aux ailes d'or, des
hannetons bruns et veloutés, tourbillonnaient sans cesse, se
frappaient au verre brûlant de la lampe et, tout étourdis,
tombaient lourdement avec un bruit mat sur la table en fine
mosaïque. Ma mère baissait son front pâle et attristé sur
un livre qu'elle ne lisait pas. Mon père, sa belle tête
blanche un peu plus courbée, mais la physionomie toujours
calme, impassible même, tâchait de relever son courage.

‹ Mes deux frères étaient dans l'armée confédérée et,
depuis plus d'un an que la ville était prise, malgré toutes
les rumeurs de sanglantes batailles, jamais nous n'avions
eu de leurs nouvelles. Ma pauvre mère était anéantie!...

Sans se plaindre, sans murmurer, minée par le chagrin, par l'inquiétude, elle dépérissait à vue d'oeil.

« Tout à coup des pas rapides retentirent sur l'escalier de la véranda, puis deux coups furent frappés à la grande porte à jalousie de l'entrée. Il était dix heures. Qui pouvait venir si tard?

« Depuis la guerre il n'y avait plus de visiteurs. Les hommes valides étaient partis, les femmes, trop occupées dans leurs ménages appauvris ou trop tristes ne sortaient plus. Ce ne pouvait être qu'un officier fédéral porteur de quelque ordre terrible et profitant des ombres de la nuit pour accomplir son oeuvre. Mon père n'avait pas pris le serment exigé par l'autorité militaire qui nous tenait sous son talon de fer, et l'île aux Vaisseaux et ses infortunés prisonniers nous vinrent rapidement à l'esprit; envahis, vaincus, nous pouvions nous attendre à tout.

« Une forme indécise se dessinait à travers les jalousies. Mes deux petites soeurs s'étaient collées aux jupes de ma mère qui les avait attirées sur sa poitrine. Je m'étais levée frémissante et me tenais debout les yeux fixés sur les jalousies entr'ouvertes. Mon père marcha froidement vers la porte, traversa le salon et le corridor d'un pas lent et ferme. Nos coeurs battaient à se rompre. Une émotion indéfinissable nous étreignait toutes.

« Mon père tira le verrou et sortit sur la véranda. Un murmure de voix parvint à nos oreilles; nous attendîmes dans un silence accablant. La porte se rouvrit aussitôt et la

grande figure de mon père apparut. Il était suivi d'un
homme jeune, svelte, plus petit, que la grande taille de mon
père nous cachait. Mon père s'effaça en mettant un doigt
sur ses lèvres; le jeune homme s'avança en souriant et nous
tendant les deux mains, nous étouffâmes un cri de surprise
et de joie: c'était Pierre, mon cousin Pierre!

« Parti un des premiers pour la guerre avec mes deux
frères, que venait-il faire ici, dans une ville occupée par
les Fédéraux?

« A la surprise, à la joie du premier moment succédait
l'angoisse. Etait-il prisonnier sur parole? Ou bien, que
venait-il nous apprendre? Ma mère, en pensant à ses fils,
était retombée presque inanimée dans son fauteuil en
pâlissant. Pour entrer ici à la Nouvelle-Orléans, lui,
Pierre, le rebelle, l'officier confédéré, il avait fallu une
nécessité bien grande; il courait cent fois risque de sa vie.

« Pierre, en voyant l'épouvante de ma mère qui le
regardait les yeux pleins de terreur, se précipita vers son
fauteuil et mettant un genou en terre, saisit ses mains
glacées qu'il porta à ses lèvres et nous entendîmes ces mots
qui rappelèrent ma mère à la vie: « Rassurez-vous, ma pauvre
tante, je n'apporte pas de mauvaises nouvelles, » et se
relevant, il ajouta d'un air assuré, d'une voix noble et
fière, « il n'y a de danger que pour moi. »

« Nous nous élançâmes vers lui, le pressant de questions.
Il s'assit en souriant, il avait repris sa physionomie vive,
ouverte et gaie d'autrefois; mes deux petites soeurs, sur

ses genoux, l'accablaient de caresses, leur bon ami Pierre
qui, tout grand qu'il était, s'amusait à les faire jouer, à
les faire rire; comme elles étaient contentes de le voir!...
Moi, plus grande et devenue timide, j'osais à peine m'appuyer
au dossier de sa chaise. C'était pourtant bien Pierre, mon
cousin, mais il m'inspirait quelque chose que je n'avais
jamais ressenti jusque-là: c'était un héros!

« Je pus alors remarquer l'étrange costume qu'il portait.
Mon cousin Pierre qui était parti superbe sous son brillant
costume d'officier confédéré, m'apparaissait en guenilles:
pantalon, habit, chapeau troués et percés, souliers défoncés,
enfin une vraie loque, et pourtant sous ses haillons, sa
figure mâle et fière lui conservait toujours un air de
gentilhomme. Il se retourna sur sa chaise pour mieux me
voir et sa figure expressive prit une expression particulière.
Il me regardait d'un air surpris, charmé; sans doute il me
trouvait bien grandie et changée depuis deux ans.

« Il nous raconta que son général, voulant s'assurer du
nombre des troupes fédérales à la Nouvelle-Orléans, avait
demandé un officier de bonne volonté auquel on pût se fier,
et d'une bravoure à toute épreuve. Plusieurs s'étaient
offerts; il ne manquait pas de braves dans l'armée du
général Taylor, entre autres Pierre, qui aimait les entreprises aventureuses.

« Pierre fut choisi. Fils d'habitant, chasseur intrépide,
il connaissait tous les chemins et les détours des bois,
toutes les sinuosités et les positions des moindres bayous.

Sa bravoure, sa témérité même étaient connues dans l'armée;
il pouvait entrer et sortir de la ville en éludant les
sentinelles ennemies. Il disait n'avoir rien à craindre que
la trahison.

« Il nous donna des nouvelles de ses amis, mes frères.
Le cadet avait été blessé en Virginie après une action
d'éclat et avait été sauvé par l'héroïsme d'une jeune garde-
malade qui s'était dévouée aux services des blessés
confédérés dans les hôpitaux de Richmond.

« L'autre, Jacques, était la gaieté, la joie de ses
compagnons d'armes auxquels il faisait oublier leurs fatigues
en leur improvisant des chansons de sa façon pendant les
longues marches forcées pour surprendre les ennemis. Il
avait eu ces détails récents par des prisonniers confédérés
échangés qui avaient repris service dans les armées du Sud.

« Mon père arrêta enfin son bavardage et lui mettant la
main sur l'épaule lui demanda: « Pierre, as-tu dîné? »
Pierre rougit, me regarda, et avoua ingénument que depuis
le matin il n'avait pris qu'une tasse de café noir et un
morceau de pain. Sur un signe de mon père, je me hâtai de
lui porter ce que nous avions. C'était un souper frugal, je
soupirai en le lui portant. Quelle différence de nos
succulents et somptueux repas avant la guerre! Mais aussi
quelle joie de servir ce noble et jeune héros qui par pur
patriotisme jouait si gaîment sa vie. Le souper se
prolongea jusqu'à minuit; il aurait duré jusqu'au jour si
mon père n'eût forcé Pierre à se retirer pour prendre un peu

de repos.

« Sans penser un instant aux risques qu'il courait, que nous courrions tous, mon père lui offrit un gîte. C'était la chambre d'un de mes frères. Depuis son départ ma mère seule y pénétrait pour y pleurer à son aise et la tenir aérée. Perchée si haut qu'on l'appelait le Colombier, cette chambre, séparée du corps de logis principal par le vaste logement inhabité des anciens esclaves, était à l'abri des regards indiscrets. Une petite porte donnant accès dans la rue, au bas d'un long escalier, mettait Pierre à même de partir quand il voudrait.

« Que de larmes nous versâmes quand il se leva enfin pour nous quitter. Quand le reverrions-nous? Echapperait-il à tous les périls qui l'entouraient? Il avait fixé son départ au lendemain, sa téméraire mission étant terminée. Mais, hélas! tout était encore à craindre; des noirs surtout, de véritables espions qui nous guettaient; de ses ennemis, les vigilants fédéraux; de ses amis mêmes dont la trop grande sollicitude pouvait le trahir.

« Pierre s'arracha des bras de ma mère, me baisa timidement au front, couvrit de caresses mes deux petites soeurs, pressa les mains de mon père et s'élança hors du salon. Il connaissait le Colombier de longue date.

« En proie à une indicible émotion, je montai lentement l'escalier de la chambre que j'habitais au second étage et, dénouant mes longs cheveux qui tombèrent en flots bouclés sur mes épaules, je me mis à genoux devant la fenêtre du

jardin, la tête incliné sous ce beau ciel resplendissant.
Une ardente prière s'échappa de mon coeur. Je murmurai tout
bas le nom de Pierre. Soudain des pas furtifs foulant les
feuilles sèches du magnolia près de ma fenêtre, attirèrent
mon attention. J'abaissai vivement les yeux et debout, sous
les flots lumineux de la lune, je reconnus Pierre.

« Pierre me contemplait avec ravissement, il semblait en
extase; sous son regard, je sentis mon coeur battre à se
rompre. Mais, quelle imprudence!... Par la haute grille
du jardin on pouvait voir tout ce qui s'y passait et Pierre
courait le risque d'être épié, reconnu, pris et fusillé!
« Pierre, » lui dis-je d'un souffle, avec terreur, « que
faites-vous là? Si l'on vous surprenait! »... «J'ai voulu
vous revoir Christiane, » murmura-t-il à voix basse, mais
je l'entendis distinctement. « Je veux vous dire un mot,
un seul, c'est l'espoir de ma vie. Qui sait si je vous
reverrai, Christiane, ce mot me brûle les lèvres, il faut
que je vous le dise, Christiane, je t'aime!... » Un
éblouissement me saisit, je me sentis défaillir et je me
retins à l'appui de la fenêtre. L'émotion suspendit la
parole sur mes lèvres. Pierre se méprit à mon silence. Il
mit un genou en terre et dit en étendant vers moi ses deux
mains suppliantes: « Christiane... je t'en supplie... que
j'emporte au moins un espoir! » A ces mots, dits d'un
accent désespéré, je retrouvai mes forces et, détachant
vivement la croix d'or et le collier qui ne me quittaient
jamais, je les lui jetai, et je m'enfuis pour ne pas le

retenir en lui jetant ces mots: « Pierre si vous m'aimez,
sauvez-vous! »

« Deux heures plus tard la maison était envahie par une
troupe de soldats fédéraux. Avertis, guidés par les noirs,
ils avaient saisi les clefs de la maison, ouvert toutes les
portes, parcouru toutes les chambres, enlevant à nos yeux
tous les objets précieux, s'emparant des chevaux, et,
nouveaux Vandales, piétinant les rosiers du jardin, arrachant
les tentures, ravageant la maison. Mon père, gardé à vue
par deux hommes armés, ne pouvait offrir aucune résistance.
Ma mère, mes soeurs et moi, à genoux devant le divin
Crucifié, nous priions. A notre indicible terreur, toujours
guidés par les noirs, les soldats se dirigèrent vers le
Colombier.

« Pour nous c'était la confiscation de nos biens et la
misère profonde, pour mon père, les travaux forcés à l'île
aux Vaisseaux, la mort lente et douloureuse du prisonnier à
la chaîne. La maison était entourée, Pierre ne pouvait
s'évader. Nous attendîmes avec angoisse, avec terreur, le
retour des soldats. Un grand bruit de pas et de voix, un
cliquetis d'armes nous annoncèrent leur retour. Les yeux
rivés à la porte où les soldats devaient entrer, je
m'attendais à voir apparaître entre leurs fusils à baïon-
nettes la figure noble et résolue de Pierre... mais... les
soldats revinrent seuls, l'oiseau s'était envolé sans laisser
de traces. L'officier à la tête de l'escouade crut que la
délation était une vengeance des noirs. C'était un grand

jeune homme blond, sec et raide dans son uniforme. Il s'inclina devant les cheveux blancs de mon père, marmotta quelques mots inintelligibles, donna un commandement bref et rapide; les soldats se rangèrent en file et bientôt nous les entendîmes descendre l'escalier et leurs pas réguliers battre le pavé de la rue. Nous étions sauvés!... Ils étaient partis!

« Nous sûmes plus tard par une lettre de Pierre qui me parvint par miracle que, craignant pour nous les conséquences d'une délation, il n'était pas retourné au Colombier, mais avait résolu de quitter la ville à l'instant, rattaché à la vie par le fragile trésor qu'il emportait. Il avait gagné les bois, retrouvé sa pirogue cachée dans les ajoncs, et par des sentiers perdus que lui seul connaissait, couchant dans les taillis, se nourrissant de fruits sauvages, il avait enfin gagné les retranchements confédérés avec toutes les informations précieuses qu'il avait recueillies.

« Ces informations sur l'armée du général Banks aidèrent sans doute le général Taylor et le général Mouton dans les mouvements stratégiques qui se terminèrent par les deux sanglantes victoires que les Confédérés remportèrent à Mansfield et à Pleasant Hill, les 8 et 9 avril 1864. Mais cette dernière date fut fatale à Pierre. »

Une indicible émotion saisit Christiane à la gorge... elle se tut. Je me penchai vers elle. Elle laissa tomber sa belle tête sur mon épaule et resta un moment immobile comme accablée sous le poids de ce fatal souvenir. Quand

elle releva la tête, de grosses larmes coulaient silencieuse-
ment sur ses joues pâles. Je pris ses deux mains dans les
miennes et les serrai d'un élan sympathique. Elle continua
son récit à voix basse.

« Après la bataille de Pleasant Hill, Pierre manqua à
l'appel. Ses amis le cherchèrent sur le champ de bataille
et le retrouvèrent plus tard parmi les morts. Ses deux
mains crispées tenaient encore la croix d'or et le collier
qui sont encore là, » dit-elle avec effort, « sur mon
coeur. »

Marie Dumestre (1879-1949), née à la Nouvelle-
Orléans de parents franco-louisianais, fit ses
études chez les Dames du Sacré-Coeur. Ses études
terminées, elle devint professeur au Columbian
Institute, et quelques années plus tard fut nommée
directrice d'une école subventionnée par l'Union
française. Grande admiratrice de Victor Hugo, elle
fit paraître un article sur ce poète, article qui
fut couronné en 1894. Ses contributions littéraires
parurent dans les Comptes rendus de l'Athénée
Louisianais.

DE BILOXI
A BEAUVOIR

Qu'il est doux et agréable, lorsque l'été nous fait sentir
son accablante chaleur, de pouvoir aller respirer l'air pur
et vivifiant de la campagne et retrouver dans un délicieux
farniente, les forces et l'énergie qu'un travail long et
assidu avait lassées, pour ne pas dire épuisées.

La campagne! Oh! que ce nom renferme de douceurs! Que
de plaisirs elle procure pendant la belle saison! Que de
distractions elle offre à ceux qui viennent les lui demander
avec un coeur joyeux et satisfait! Elle possède des
jouissances pour tous les âges et sait plaire à tous les
goûts et à toutes les imaginations. L'enfant prend ses
ébats avec des cris de bonheur, la jeunesse organise des
promenades et des parties de pêche où elle s'amuse avec
transport; le vieillard même se plaît à la campagne. Elle
le berce dans de douces et paisibles rêveries qui lui font
oublier les peines, les inquiétudes et les ennuis de sa
longue existence.

83

Au milieu de cet endroit retiré, on se sent heureux; on passe des heures sous les arbres sans être jamais seul; les branches en s'agitant semblent dire à celui qui s'abrite sous leur frais ombrage qu'il n'est pas un inconnu; les oiseaux charment ses oreilles et le ciel aperçu à travers la feuillée est plus beau que le ciel vu à découvert dans les plus grandes villes. Lorsqu'on revient après un temps plus ou moins long passé à la campagne, on éprouve le désir de confier à un carnet les douces impressions et les suaves pensées que ce séjour enchanté a gravées dans l'imagination, elles sont comme le reflet d'un magnifique tableau dont on aimera à se rappeler le gracieux coloris et les délicates peintures. Le récit des joies et des plaisirs d'une charmante villégiature aura le pouvoir de faire naître un sourire de bonheur sur des lèvres qu'un travail monotone et sérieux tend à rendre trop austères.

C'est la narration d'une de ces ravissantes promenades que la campagne offre à ses visiteurs que je viens repro-duire . . . afin de répondre au désir que m'ont exprimé les aimables excursionnistes qui ont parcouru avec moi la route agréable et pittoresque qui mène de Biloxi à Beauvoir.

Le joyeux soleil de juillet donnait de la vie et de la gaieté à la riante société qui prit place dans un grand et coquet Tally-Ho, auquel était confié le soin de la conduire à la destination projetée.

Pour aller à Beauvoir la route la plus accidentée est celle que l'on parcourt sur l'étendue du rivage. A gauche

nos regards se perdaient dans l'espace immense de la baie,
dont les eaux scintillantes sous les rayons du soleil
offraient toutes les teintes, depuis le blanc gris jusqu'au
bleu presque noir. Quelques vols d'oiseaux, les blanches
voiles de barques légères animaient seuls cette immensité.
L'impression qui restait dans l'esprit était la pensée
solennelle de l'infini, du silence, de l'horizon se
confondant avec le ciel même.

A droite nous regardions avec surprise et admiration de
vastes propriétés appartenant à des personnes dont les noms
sont si connus dans notre bonne ville de la Nouvelle-Orléans.
A travers les grilles on apercevait des jardins bien tenus,
des pensions agréables offrant aux visiteurs de Biloxi leurs
chambres aérées et confortables.

Après avoir parcouru une assez grande distance,
l'attention fut tout à coup captivée par le bruit d'une
clochette dont le son rappelait de lointains souvenirs. Au
détour d'une rue, on vit paraître un char traîné par un
mulet au cou duquel était attaché le collier de grelots dont
le tintement nous semblait si familier avant que les chars
électriques fassent retentir à nos oreilles le bruit souvent
étourdissant de leurs timbres sonores. La vue de ces chars
à l'aspect antique et étrange causait un réel étonnement et
l'on ne pouvait s'empêcher de leur adresser un sourire
protecteur et compatissant.

Non loin de l'endroit où stationnent ces intéressants
véhicules, on s'arrête ému devant une grille simple mais en

bon ordre; à l'intérieur, des croix et des tombeaux disent que c'est là le champ du repos.

Quelle sérénité, quelle ineffable paix produit dans l'âme la vue d'un cimetière de campagne! On semble heureux de penser que dans une si profonde tranquillité, ceux qui dorment de leur dernier sommeil doivent être bien paisibles.

Le silence absolu de cette profonde solitude n'était troublé ou interrompu que par le bourdonnement des insectes ou le frôlement rapide d'un vol d'oiseau. Les chants avaient cessé. Seules dans le lointain deux cigales se répondaient.

Oh, oui! que le pauvre corps doit reposer paisiblement à l'abri des pins et des églantiers. C'est là que l'on comprend avec une douceur qui va jusqu'au fond de l'âme, l'idée chrétienne que nous devons nous faire de la mort. Elle perd son aspect lugubre et semble nous dire dans un consolant murmure: « Ne crains pas, mourir c'est dormir pour le corps, ce compagnon fatigué qui a, en outre de ses misères et de ses faiblesses, à supporter le contre-coup des luttes morales; mais pour l'âme en paix avec Dieu, ah! mourir c'est le réveil, c'est le jour éternel, la suprême félicité! » Qu'il est à plaindre celui qui resterait sourd à de tels enseignements! Qu'il est malheureux, celui qui foulerait sans émotion l'herbe d'un cimetière et qui ne formulerait pas une prière au fond de son coeur, à la vue de ces tombeaux où tant d'affections et d'espérances se sont englouties, mais où s'élève toujours la pensée de Dieu!

En s'éloignant du cimetière et à mesure que l'on avance, les maisons deviennent de plus en plus rares. Tandis que le taillis s'épaissit davantage on n'entend plus que le vol subit d'un oiseau effarouché par les rires et les éclats de voix des joyeux promeneurs et le bruissement des feuilles sous la douce brise d'été. Tout d'un coup le taillis cesse et des arbres immenses, des pins de toute beauté s'élancent en pleine liberté.

On traverse un pont jeté sur un large ruisseau formé par une source qui, avant de se faire ruisseau, ressemble à un étang mignon et coquet.

Puis on poursuit sans que rien d'étrange ne frappe les regards, le sentier solitaire qui mène à Beauvoir. La route quoique assez longue parut courte à la société du Tally-Ho et ce fut avec surprise et joie que l'on salua Beauvoir, lorsque la voiture s'arrêta devant la résidence de Jefferson Davis. Ce fut avec émotion que nous pénétrâmes dans la grande cour qui mène à la demeure de ce zélé défenseur des droits du Sud. Dans les vastes appartements autrefois occupés par la famille Davis, le temps avait fait son oeuvre, les murs avaient perdu leur éclatante blancheur et un épais duvet de poussière remplaçait sur les planchers les tapis et les nattes qui ornaient jadis cette belle maison de campagne. Cependant une rustique simplicité devait régner dans le cabinet de travail de Jefferson Davis. Un simple banc de bois se trouve le long du mur, et le plancher porte encore la trace des gouttes d'encre qu'il

secouait de sa plume lorsqu'il confiait au papier les
intérêts des Etats qu'il voulait protéger.

Dans le jardin se trouve une énorme pierre posée sur un
tronc d'arbre; elle fut placée là par Davis lui-même, un
jour qu'il voulait mettre à l'essai sa force physique.

Les visiteurs s'arrêtent avec étonnement devant cet humble
monument que le temps semble vouloir respecter.

Tandis que nous parcourions à la suite du gardien cette
résidence déserte, notre âme y puisait une pensée salutaire:
la brièveté de la vie, le néant des choses d'ici-bas.

Dans les vastes salons qui retentissaient des joyeux
éclats de rire et des causeries de toute une famille,
s'étend maintenant un morne silence! En face de cet immense
changement, le coeur comprend combien il doit mépriser la
gloire, la grandeur, les richesses et les vains plaisirs,
puisqu'ils ne sont tous qu'un prestige qui s'évanouira comme
une légère vapeur. La seule réalité c'est la destruction du
corps et l'immortalité de l'âme.

En quittant la demeure de Jefferson Davis, le Tally-Ho
parcourut une petite distance et s'arrêta devant l'asile que
la charité et le dévouement du Docteur Clay lui inspirèrent
la pensée de fonder pour les enfants abandonnés.

Asile! c'est un doux mot qui respire la confiance et la
piété!

Asile! c'est un séjour de paix, de calme et d'innocence
que le travail bénit, que la prière encense!

Quel nom mieux choisi pouvait être donné à ces écoles du

premier âge? Humbles sanctuaires de la charité, là les enfants trouvent des soins que leurs parents sont incapables de leur prodiguer.

Refuge contre l'oisiveté, l'asile offre à ces petits êtres, au milieu de tranquilles amusements, de riantes leçons qu'ils prennent en chantant en choeur. C'est en exerçant des mélodies pleines de simplicité et de charme qu'ils connaissent la religion, que se gravent dans leur mémoire de sages préceptes de conduite envers la société, c'est-à-dire envers les hommes et eux-mêmes.

Cet asile situé entre les bois de Beauvoir et le rivage, ressemble à un nid bien recueilli, bien caché, enveloppé de caressantes ailes, sous lesquelles gazouille l'incessant murmure d'une grande couvée.

En parcourant les dortoirs nous vîmes que les lits étaient déjà occupés par un bon nombre d'enfants de deux à quatre ans. Ils nous regardèrent en souriant, car le sommeil n'avait pas encore fermé leurs yeux si doux et si naïfs.

Des enfants plus âgés jouaient dans la cour, en attendant l'heure du repos.

La vue de cet hospice créé par la bienfaisance remplit le coeur du désir de contribuer au bien-être de ces abandonnés; ils ne font qu'entrer dans la vie et déjà ils ont bu à la coupe amère des privations et de la souffrance. Donnons-leur notre offrande, elle changera en miel l'absinthe que la misère a préparée pour leurs lèvres si tendres et si délicates!

Lorsque nous sortîmes de ce tranquille abri, les derniers
reflets du soleil couchant se perdaient dans les eaux limpides
de la baie, et au-dessus de nos têtes la lune, en se dégageant
des nuages, s'apprêtait à répandre sur toute la campagne ses
pâles et doux rayons. Quelques rares mais brillantes étoiles
scintillaient au firmament.

Sans pitié pour le silence parfait qui régnait dans cette
imposante solitude, les gais excursionnistes faisaient
retentir les airs de leurs joyeux refrains, car pour l'homme
et pour l'oiseau le chant est l'expression et l'écho du bonheur.

Le retour se fit promptement, et lorsque la voiture
s'arrêta rue Couevas, devant la demeure de notre aimable
hôtesse, le plaisir brillait dans tous les yeux, la gaieté
s'épanouissait dans tous les coeurs.

Maintenant que le souvenir seul demeure de cette charmante
excursion, les meilleures paroles d'adieu que nous puissions
lui adresser sont: Que les bontés de la Providence divine
continuent à se répandre sur la route qui mène de Biloxi à
Beauvoir et sur tous ceux qui la parcourent.

Ulisse Marinoni (1869-1930), né à la Nouvelle-Orléans,
fit ses études primaires et secondaires dans cette
même ville. Licencié de la Faculté de Droit de
Tulane en 1890, il exerça sa profession à la
Nouvelle-Orléans tout en consacrant une partie de
son temps aux belles-lettres. Ses nouvelles et ses
contes, inspirés par la vie des anciens Créoles de
la Louisiane, ont su rendre le charme et la nostalgie
de l'époque.

MON ONCLE
JACQUES

Si, dans une phase de votre vie, vous avez l'occasion de

traverser, au cours d'un long voyage en chemin de fer, une

vaste étendue de pays, vous remarquerez le long du chemin

des sites agrestes, des collines ondulées, des vallées

riantes ou des rocs escarpés. L'oeil s'amusera des gracieux

contours que le paysage vous offre, et vous resterez étonné

devant les magnificences dont la nature a doté la campagne.

Mais, arrivé au but, votre imagination restera confuse

devant ce kaléidoscope de beautés naturelles devant cet amas

de choses sublimes et, insensiblement, n'en fera qu'un

informe remblai pour y étayer les singuliers paysages qui

vous ont le plus frappés consolidés à jamais dans votre

mémoire et qui ainsi resteront gravés dans cet éternel album

de souvenirs précieux qui est le coeur humain.

Tel ... est l'effet produit par l'étude de cette intermin-

able histoire de l'humanité qui, comme un ruban bien en vue,

tranche hardiment à travers les siècles écoulés sur ce monde

terrestre, mais qui n'offre en somme qu'un piètre intérêt
dans le tournoiement de ces passions borgnes de ses caprices
mesquins, de ses ambitions chétives. Sur ce long parcours,
le lecteur assidu finit par s'apercevoir du néant de ce qui
semblait beau à première vue et mêle dans un souvenir confus
les aspirations humaines que l'histoire nous retrace. Seuls
alors, dans la pensée, émergent pour notre vénération des
pages glorieuses, des gestes héroïques, des types illustres
qui, réunissant les plus nobles qualités de l'homme, méritent
à bon droit l'encens de notre estime et notre admiration
toute particulière.

C'est une de ces pages glorieuses, un de ces types
remarquables que je désire vous présenter.... Plût au Ciel
que mon oeuvre en soit digne, car le sujet est certes
au-dessus de mes forces. Car il en est des sujets comme des
pierres; dans certaines vous pouvez buriner, sculpter, voire
même trancher dans une mollesse pierreuse, parfois vous
devez consolider de crainte que le bloc ne s'effrite; il y en
a d'autres, au contraire, où le choc brusque du ciseau fait
jaillir des étincelles, et l'orgueilleux granit résiste avec
fierté aux chétifs efforts d'un sculpteur ordinaire. Vous
me saurez donc gré... si j'ose aborder un sujet cher à vous
tous, qui est bien le vôtre, que vous chérissez dans le plus
profond de votre coeur, qui embaume votre coeur, qui embaume
votre vie par son doux souvenir, et qui a pour nom générique
le Créole louisianais d'autrefois,... type unique,...
réunissant en lui toutes les qualités de vaillance, de

grandeur d'âme et de loyale fierté....

Il est un endroit non loin de la Nouvelle-Orléans où le
fauve Meschacébé en son lit bordé de tertres gazonnés
reprend sa ligne droite après une courbe abrupte. Au-delà
de cette faible éminence qui serpente le long du fleuve
jusqu'à l'infini de l'horizon et qui est flanquée d'une
route noirâtre et souvent fangeuse, l'oeil de l'observateur
promène ses regards sur des champs vastes et étendus
prolongeant dans une monotonie d'un paysage plat des vestiges
de labours anciens jusqu'au rideau d'un vert morne formé par
les cyprières. La fertilité du sol s'accuse pourtant sous
la poussée hardie des herbes folles qui frissonnent au
passage de la brise en de longues ondulations comme pour
cadencer par un rythme soutenu l'appel de la nature dans sa
folle prodigalité. A l'endroit dont je parle, un bouquet de
chênes séculaires cache des débris croulants d'une ancienne
maison seigneurial. Désormais la toiture est effondrée,
les colonnes gisant à terre s'émiettent en morceaux, les
planchers ont disparu dans la moisissure des années; seuls
les pans des murs restent encore, revêtus de cette couleur
de sépia que la vétusté prête à nos murailles anciennes,
rendue plus foncée par le contraste des mousses et des
lichens qui végètent et poussent dans les cracs des jointures.
Les superbes embrasures témoignent encore d'une splendeur
passée, splendeur à laquelle le bruissement des feuilles
agitées par le vent du fleuve font un éternel requiem.
C'est là que mon oncle Jacques venait parfois rêver.

Une stature plus que moyenne, une carrure large, un nez aquilin, des cheveux jadis d'un noir d'ébène mais à présent blanchis par l'âge, une barbe neigeuse et taillée en rond, et des yeux presque noirs, d'un regard perçant, complétaient un ensemble frappant qui mariait une douceur d'âme à un corps d'athlète. Je l'avais connu dès mon jeune âge comme une de ces individualités qui demandent le respect et l'admiration. Sa physionomie dénotait ce qu'on appelle en langage familier un honnête homme; sa figure respirait la franchise et la loyauté, et ses façons courtoises rappelaient le sans-peur et sans-reproche qui furent toujours la marque de touche de nos anciens Créoles.

C'était surtout par ces accalmies de soirs tropicaux dont nous jouissons si souvent, que l'oncle Jacques venait rêver sur les abords de cette plantation qui l'avait vu naître et où il avait joui de moments si délicieux, mais hélas, si fugitifs! D'ordinaire il traversait le fleuve par le bac à vapeur au pied de la rue Canal, et louant une carriole quelconque, il descendait la côte pour arriver au but de ses pèlerinages fréquents. Là, saisi par le poids de ses souvenirs d'enfance, le coeur étreint par cette foule tumultueuse de pensées qui l'entraînaient vers une époque à jamais disparue, il se laissait choir sur la levée qui dévalait en pente douce, et tranquillement, doucement, revivait avec un amer délice ces splendeurs de sa jeunesse qui pour lui surgissaient dans l'ombre troublante des années écoulées.

Les fumées de la grande ville prochaine estompaient le
ciel de nuages noircis; derrière lui le courant jaune
clapotait avec mille remous sur la berge d'argile et
charriait dans sa course rapide des débris informes; au bas
à niveau d'eau se voyait encore un plancher, dernier vestige
du quai où les anciens habitants recevaient le charbon pour
la roulaison; autour de lui le calme d'une morne campagne,
ce sentiment du large qui est si caractéristique en
Louisiane. Les champs se succédaient baignés dans une
lumière tiède et féconde; plus loin les tons divers d'une
culture maraîchère, et après, les grands panaches exotiques
d'un champ de cannes. Le bruit criard d'une charrette se
rendant en ville, ou l'appel strident d'une locomotive, une
rare complainte nègre brisaient seuls ce silence rêveur.
Mais l'oncle Jacques n'avait des yeux que pour la vieille
maison qui chaque jour s'écroulait davantage, tassée dans sa
vieillesse séculaire au fond du bosquet de chênes, et la
douceur suave du ciel louisianais, d'un bleu tellement
étincelant presque doré, l'environnait et tombait sur elle
comme une auréole, et sur cette terre bénie flottait une
paix immense, une mélodie céleste de tons harmonieux où
vibraient à l'unisson la tranquillité et le bonheur. Des
tumulus de gazon accusaient un ancien parterre, les
barrières défoncés donnaient passage aux bêtes qui
s'installaient sous les vestiges des galeries; un paysage de
Paul Potter avec la mélancolie de Claude Lorrain. Au fond
quelques maisonnettes debout, seules restées de l'ancien

camp, et puis quelques lignes d'herbe plus hautes et touffues
qui montraient d'anciens travaux de dessèchement; et puis,
encadrant le tout, des labours maraîchers, au ras du sol,
rappelant les environs d'une grande ville. Le tout formait
un paysage où les ruines d'antan dominaient le progrès
moderne par le calme de leur tristesse.

Les lumières crépusculaires dardaient leurs longs rayons
à travers l'azur velouté et une ombre céleste d'un bleu
royal montait lentement vers le zénith; et l'oncle Jacques
restait encore accoudé sur la levée devant les anciennes
splendeurs. Déjà les hirondelles de nuit décrivaient leurs
courbes capricieuses et les minces buées du soir couvraient
la terre de leur gaze mystérieuse, tandis que de l'autre bord
venait le bruit strident du sifflet de la raffinerie. Mais
un essaim de souvenirs lui piquaient le coeur, un déroulé de
fastes, de richesses, de luttes; ensuite la guerre, les
péripéties, les grands actes d'héroïsme, et puis le long et
sourd combat de la reconstruction, du rétablissement d'une
entière société humaine dans son assiette normale. Et dans
la phantasmagorie que suscitait son cerveau troublé, voici
toutes les étapes de sa vie qui surgissaient, revenaient
avec précision et revivaient devant lui. Et dans cette
envolée qui faisait vibrer la mémoire, voici la vieille
maison qui se transfigurait, reprenant sa pristine jeunesse.

La voilà bien comme autrefois, grande, spacieuse, à deux
étages, une toiture en mansarde avec une large galerie
soutenue par des colonnes rondes, et le parvis briqueté,

bien rouge, propre, étincelant au soleil. L'allée de chênes
verts continuait jusqu'à la grande route, et à côté un
parterre bien aligné que pavoisaient les fleurs d'antan, les
roses de Bengale, les jasmins, les bleuets, les crêtes-de-coq,
les dahlias, tout tenu en ordre par un jardinier français
enrôlé exprès pour la maison. Une charmille de glycines et
de chèvrefeuilles répandait une odeur suave que la brise
mariait au doux parfum des orangers en fleurs. Le rez-de-
chaussée était séparé par un large corridor; à gauche le
grand salon avec un parquet jauni et fourbi à la camomille
contenant des meubles en acajou tapissés en soie rouge; des
tentures de la même couleur recouvraient les imposantes
fenêtres aux rideaux en dentelle, les murs tapissés en
papier moiré blanc étaient ornés de tableaux de famille, et
l'appartement restait plus confortable en hiver par un épais
tapis de Paris à larges figures. A droite se trouvait la
bibliothèque avec une immense cheminée aux chenets en cuivre
et un garde-feu ciselé à pattes de lion; en hiver elle
flamboyait avec d'énormes morceaux de bois qu'un nègre posait
régulièrement, tandis qu'en été elle restait rougie et
remplie de fleurs et de feuilles de magnolia. La chambre
était ornée de livres choisis témoignant le bon goût de
maître, et un canapé ou lit de repos en faisait ses délices;
des lampes remplies d'huile de lard répandaient une lumière
douce et discrète. La salle à manger suivait, très grande,
bien éclairée, témoignant le zèle de Titisse, gardienne de
ce lieu sacré; un large éventail en papier avec un volant

en bas, suspendu au milieu du plafond, entretenait la
circulation de l'air pour les convives. La table était très
grande avec des boules de cuivre à chaque pied; à côté, la
table à desservir restait chargée d'une vaisselle éclatante
et de cristaux étincelants, hérités de père en fils.
Presque toujours il y avait des invités, et le maître de la
maison découpait les viandes que des domestiques stylés
apportaient sur des plats à réchaud; je dis stylés, car ces
hommes à couleur d'ébène, chosis exprès, revêtaient des
redingotes en drap noir en hiver et en toile écrue en été et
servaient toujours gantés. La table était éclairée par des
chandelles de suif dans des candélabres en argent; les plats
étaient mis devant les convives sur des réchauds garnis de
braises, car la cuisine était fort éloignée; les nougats et
massepains décoraient le centre de la table. Une conversa-
tion ornée et bien choisie égayait le dîner qui se
prolongeait près de deux heures, car les enfants sortaient
bien avant la fin. C'était un dîner plantureux, patriarcal
par la quantité, mais exquis et bien ordonné comme il
convient à des gens qui avaient appris à Paris l'art de bien
manger. On faisait de la musique après le dîner au salon où
il y avait un superbe Gaveau, et les messieurs fumaient des
cigares de la Havane qu'un laquais apportait avec un brasier.
Ensuite, on jouait à de petits jeux, et généralement les
parties finissaient vers dix heures, et les invités s'en
retournaient par cavalcades en causant gaiement.

Dans un bâtiment séparé se trouvait la cuisine, grande et

spacieuse et reliée à la maison par une allée briquetée;
deux grandes citernes masquaient ce lieu de délices, juchées
sur de grandes fondations et murs ronds en brique contenant
des caves où l'on conservait au frais les provisions.
Derrière la cuisine une allée de tilleuls continuait le
chemin jusqu'au camp, un petit village de maisonnettes
basses, crépies à la chaux, où demeuraient les travailleurs.

Au premier étage de la grande maison se trouvaient les
chambres à coucher, embaumées par l'odeur des plantes
grimpantes; c'étaient des chambres bien propres sentant le
vétivert, garnies de meubles en acajou et de lits à colonnes,
avec de grandes armoires massives aux pieds en griffe, aux
portes d'une ébénisterie délicate, et dans la pénombre où
l'on tenait les chambres dans la chaleur du jour, notre ami
revoyait ces mille détails de luxe, les beaux édredons sur
le lit dont le ciel en papier fleuri très voyant avec au
centre une corbeille fleurie, avait amusé son jeune âge. A
côté se trouvaient les chambres d'enfant avec demi-lits très
simples, au plancher luisant fourbi à la brique; la nuit une
lampe à tasse comme veilleuse répandait une douce clarté, ou
bien une chandelle dans un manche en verre. Quel plaisir de
s'étendre près du foyer les soirs d'hiver, ravi dans la
confection des pralines, quand il gelait si fort qu'on
plaçait les lampes près du foyer pour faire fondre l'huile
de lard. Et l'été, quelle douceur dans la chambre à brin
sur la galerie où on se tenait bien abrité contre les
moustiques pendant que le père faisait le récit des

événements du jour! Quels délices de se baigner au fond de
la cabane à bain sur la rive du fleuve et de sautiller sur
le plancher barricadé par crainte des crocodiles! Et les
jeux sur la grande pelouse près du parterre entouré de
buissons de roses sauvages; et les courses folles après le
grand nègre à cheval qui taillait la haie à grands coups de
sabre; et les pêches au vivier où le poisson frétillait sous
l'ombre des cygnes majestueux; et le champ de course d'un
demi-mille de rond qui entourait la maison et le jardin et
où les jeunes gens pariaient sur leurs chevaux favoris; et
au fond, non loin de l'intendance, le grand verger où les
mespulus mêlaient leur vert sombre aux feuilles claires et
luisantes des orangers, et les pacaniers trônaient dans leur
splendeur, et les enfants s'emplissaient les poches de fruit
au grand courroux de Brutus, le gardien de cet endroit de
prédilection. Et l'oncle Jacques rêvait à cette vie d'enfant,
cette vie de cocagne où tout était si beau, si splendide, un
paradis que le Bon Dieu avait oublié sur la terre, et il lui
vint alors au coeur la volupté du regret.

Mais il se voyait grandir et déjà le père lui donnait un
précepteur, un monsieur de la ville, très digne, très sévère
qui lui parlaient des pays lointains, de la France, de Paris,
et tant d'autres sites merveilleux, et il en était tellement
ébahi qu'à déjeuner et à dîner... le pauvre précepteur y
perdait son souffle. Mais alors il y avait musique et danse
le soir, et le petit Jacques oubliait ses leçons pour
admirer ces beaux messieurs, les élégants, qui dansaient avec

tant de grâce et saluaient les dames avec tant de distinction.
Mais le voici adolescent, et il faisait partie de ces
cavalcades avec de belles demoiselles en chapeau de soie et
en robe de drap qui se tenaient avec tant d'adresse dans ces
grandes selles comme une chaise à dos avec un étrier en
pantoufle, et les messieurs allaient bottés en habit de
cheval, maniant les rênes avec tant de souplesse, chevauchant
à côté des demoiselles toujours à égale distance, ce qui
ravissait les grands-parents toujours prêts à juger des
sentiments du monsieur par la distance qui les séparait. Et
voici que l'oncle Jacques voyait surgir des ténèbres du
passé tous ces fidèles domestiques qui l'avaient servi si
dévotement: voici Badière à qui on avait appris la musique
pour aider l'oncle Jacques dans cette étude; voici Pompom
qui le suivait à la chasse, et qui était si bon tireur qu'on
pouvait lui donner douze cartouches pour qu'il rapportât
douze bécassines; Baptiste qui lui servait d'écuyer; Zénon,
son nègre de corps; Tommie qui l'éventait avec respect quand
il avait chaud, et toute cette cohue de serviteurs, ce luxe
de personnel qui se multipliait, s'évertuait à chaque petite
besogne, remplissait la maison, et qui transportait au
dix-neuvième siècle, au milieu d'une vie simple et plutôt
patriarcale, le pavoisement magnifique, le luxe féodal des
grands seigneurs d'autrefois, ou des boyards de la grande
Russie.

Et puis, il y eut grande fête à la Noël une fois. On
devait célébrer les fiançailles de la soeur de l'oncle

Jacques; un monde de domestiques avait préparé la maison et
les chasseurs avaient battu les forêts; un laquais en
redingote, à cheval, était parti avec des lettres de faire-
part, et les avaient délivrées à tous les parents sur la
côte et en ville. Ce matin-là on avait déjeuné en cérémonie
autour de la table massive où trônait un cochon de lait
enrubanné, et le soir à la clarté des flambeaux le grand
dîner avait eu lieu, et au moment où la dinde sauvage et le
cuissot de chevreuil faisaient leur apparition, le père
s'était levé et avait bu à la santé des fiancés, se tenant
raide dans son habit à queue, à col de velours sous la grande
pendule en acajou avec boîte à musique, mais qui devait,
hélas, sonner sous peu un glas funèbre. Mais on ne
connaissait pas l'avenir, et sur les murs ornés de
tapisseries les ombres s'agitaient, tandis qu'au dehors les
gens sautillaient au son rauque d'une bande nègre qui
s'exécutait sur des instruments bizarres tenus des Indiens;
et puis après, il y eut grand bal au salon avec une belle
musique venue de la ville, et on dansait gaiement avec le
fol abandon des races latines, l'insouciance gaie qui est
née du bonheur et d'une richesse sans mesure. Ah, quelles
jouissances indicibles, quels fastes splendides, quelle vie
luxueuse remplirent les premières années de la vie de l'oncle
Jacques; rien à souhaiter ou à désirer; les roses du bonheur
et tout à foison, une jeunesse dorée, un contentement sans
bornes; le coeur, comme une coupe remplie jusqu'au bord, ne
pouvant envier, ne pouvant désirer.

Et puis c'étaient les hivers avec les champs poudrés de
givre, l'herbe couleur de rouille, et les grandes chevauchées
vers les cyprières où, sur le miroir des étangs, les canards,
les sarcelles et les poules d'eau s'offraient au chasseur;
dans les bois les chevreuils couraient par grands sauts et
les dindes sauvages sautillaient lourdement sur les branches
basses; et puis le retour le soir, le sang fouetté par l'air
vif, le fusil en bandoulière, l'attente à la maison où les
dames écoutaient les récits de chasse tandis que les nègres
étalaient sur la galerie les trophées. Et puis les belles
journées à la sucrerie où le ban et l'arrière-ban des
cousins et cousines venaient parfois goûter la cuite; les
lourdes charrettes avec leurs essieux criards déversaient
leurs tombereaux de cannes à sucre sous le hangar près des
rouleaux, et les longs bâtons jetés sur la bande sans fin de
la chargeuse étaient pris, tenaillés, aplatis sous les
cylindres, et retombaient en étoupe dans un monceau de
bagasse tandis que le jus doré, en suc bienfaisant, chaud
et fumant, d'une couleur veloutée, était dirigé vers les
chaudières; et avec quel bonheur cette jeunesse se remuait,
furetant partout dans cette vieille sucrerie où on ne voyait
que friandises et douceurs, et où le beau sucre se
crystallisait, régnant en maître, cette cassonade belle et
blonde qui s'amoncelait, cette richesse du Pactole qui
débordait dans la chambre chaude, remplissait les barils,
s'attachait à tout, et se transformait si facilement en
beaux écus et en belles piastres, cette immense richesse où

les habitants d'alors puisaient à larges coupes, et qui fut
la base de cette époque de splendeur que connut la Louisiane.

La brise du soir se levait pendant que l'oncle Jacques
rêvait ainsi; une envolée de souvenirs lui tintaient à l'âme,
et le choc brusque des souvenirs qui lui affluaient faisait
déborder son coeur d'une douce amertume, et il eut une
sensation de froid; le soleil descendait brusquement, des
lumières s'éparpillaient et les fanaux d'un chemin de fer
brillaient au loin. Ah oui, voici les mauvais jours qui lui
revenaient à la mémoire. Les Fédéraux montant le fleuve,
les maisons abandonnées, les parents partis pour la guerre,
le morne manteau d'une tristesse suprême qui couvrait ce pays
jadis si riant, et dans la cour si propre autour de la
grande maison, voici une foule d'esclaves assemblés,
ameutés, le désordre partout, les hurlements d'enfants, le
glapissement des vieillards, et dans le foyer, une terreur
complète; au loin les vaisseaux menaçants, pointant leurs
canons, s'avançant sur la ville vouée, tandis qu'au loin une
fumée monstrueuse, lourde, gigantesque montait vers le ciel.
Et puis l'oncle Jacques quelques jours après disait adieu à
sa mère et à travers les champs et les marécages rejoignait
de l'autre bord du lac Pontchartrain ses anciens compagnons
qui, déjà revêtus de l'uniforme gris, se battaient en héros.
Ah, quelles belles épopées de gloire, quelles luttes
sanglantes furent alors la part de l'oncle Jacques. Celui
qui jusqu'alors n'avait connu que la vie d'un Sybarite,
contraint à une nourriture de pauvres hères, le moka

remplacé par des glands torréfiés, les viandes exquises par
une nourriture immonde, des vêtements de maître par des
loques, mais ce sacrifice importait peu pour des hommes de
mérite; on ne connaissait pas alors les douceurs de
l'ambulance, ces soins aseptiques, ces merveilles de
chirurgie dont profitent les blessés de nos jours, et le brave
dont la vie s'écoulait goutte à goutte dans une mare
sanguinolente, étendu sur une litière de brindilles au pied
d'un pin rugueux, souffrait les tortures d'une blessure
profonde sans adoucissement que le bonheur indicible d'un
glorieux martyre pour la cause sainte. Car, il n'y a rien
au monde qui fasse plus rugir la bravoure, éclater le courage,
et transformer les hommes, que de combattre pour le pays
natal et le foyer de leurs ancêtres. Mais l'oncle Jacques
avait compris la leçon d'héroïsme, et simplement, sans
forfanterie, faisait son devoir de soldat. Parmi le
sifflement des balles, le tonnerre du canon, les corps à
corps mortels, il n'échappait pas à sa tâche. Par un fier
contraste, son âme rutilait d'impatience devant le carnage
et il se multipliait devant les assauts forcénés de l'ennemi.
Tel sur un terrain abrupt, un soir de combat, vint à un
groupe de Louisianais l'ordre de défendre une position
marquée, et alors pour que pas un ne bronchât, ou creusa une
fosse dans la terre rouge, digne linceul des mourants, et
chaque soldat y déposa ce qu'il avait de plus cher, des
lettres et des souvenirs de famille, les derniers adieux
des mères ou des femmes éplorées, et sur la fosse recouverte,

chaque homme se planta et ne bougea; c'était la victoire ou
la mort.

Retracer ici les péripéties de cette guerre de souffrances
et de gloire serait certes trop long; mais l'oncle Jacques
en sortit modestement, sans peur et sans reproche, ayant
fait simplement son devoir de soldat. Et alors vinrent les
longs jours gris, les jours de tristesse et de morne douleur,
où le deuil assis au foyer de chaque famille accentuait les
désastres financiers. Mais si cette race d'hommes s'était
montrée magnifique dans ses fastes, héroïque dans les jours
de combat, elle fut sublime dans le désastre, et dans cette
renaissance de virilité, dans cette lutte opiniâtre contre
le malheur, elle ramassa ses forces pour aplanir les
obstacles et vaincre les tourments d'une vie nouvelle de
labeurs et de privations.

Modeste dans son maintien, courtois envers les grands,
aimable envers les petits, menant une vie paisible au sein
de sa famille adorée, l'oncle Jacques vit lentement les
grains des années s'écouler dans le sablier de la vie, et
jour par jour le chapelet fatal s'égrener dans la monotonie
des affaires, tandis que la douceur d'une vieillesse tardive
se prolongeait dans le calme relatif d'une vie tranquille.

Voici donc que sur la levée, en face de la vieille maison
plus majestueuse dans sa vétusté, le rêve de l'oncle Jacques
se termina, alors que les étoiles brillaient déjà dans la
coupe de saphir d'une nuit louisianaise, et lentement,
tristement, il reprit le chemin du bac à vapeur qui le

ramena sur les bords affairés de la grande ville pour ensuite
rentrer doucement, le coeur débordant de souvenirs lointains.
Dans le miroir confus de la pensée, sur le monticule formé
par les débris informes de ces images adorées, flottait fièrement la devise de sa vie, qui fut la clef de son âme,
HONNEUR ET PATRIE.

Vous avez tous connu l'oncle Jacques... sinon de ce nom
et de cette description, du moins de ces mêmes qualités
morales, de ce même dévouement, et de cette même abnégation
devant le sacrifice; car l'oncle Jacques n'est que le
prototype d'une génération que nous avons appréciée, et
vénérée, car nous avons vécu en partie au milieu d'elle.
Malheureusement elle touche à son déclin; çà et là, ces
hommes énergiques succombent à l'appel de la nature, le
givre de la vieillesse est déjà tombé sur leurs cheveux
blanchis et leur taille caduque cherche l'attrait du tombeau
fatal; beaucoup ont déjà répondu à l'appel et bientôt les
quelques survivants sentiront les froides caresses d'un
repos sans fin. Mais leurs yeux reflètent encore le charme
gracieux d'une époque passée, une frénésie d'âme pour les
sentiments virils et nobles qui furent leur partage, une
admiration pure et sans mélange pour tout ce qui est beau,
pur et louable; ils ont, beaucoup d'entre eux, vidé la coupe
jusqu'à la lie, mais ils ont accepté leur sort fièrement,
sans crainte et sans équivoque. Et bientôt l'appel final
aura lieu, le dernier clairon sonnera la dernière charge,
l'ange de la mort cornera le dernier hallali pour ces grands

chasseurs, ces parfaits gentilshommes, ces courageux soldats,
et leurs âmes iront errer sur les fleurs d'asphodèle d'un
gazon olympien, tandis que sur leur linceul lentement
tombera en paillettes d'or, la poussière des étoiles.

MA TANTE
LOUISE

Durant la semaine qui précède la Toussaint, tante Louise
allait et venait avec une agitation fébrile et une inquiétude
sans cesse croissante. Son petit chapeau à brides, qui ne
voyait le soleil qu'en de rares occasions, coiffait à toute
heure sa chevelure blanche, et ses gants en filoselle,
posés à tout hasard et traînant un peu partout, ainsi que
son parasol, témoignaient d'une préoccupation inaccoutumée.

Car tante Louise ne perdait pas son temps, voulant rendre
visite à toutes ses cousines, afin de s'entretenir sur le
sujet annuel de la manière la plus efficace et moins
dispendieuse d'orner les tombes pour le grand jour de la
Toussaint; c'était à qui donnerait un meilleur avis.

Pendant cette semaine, toute affairée et nerveuse, tante
Louise avait donc, bien que ménageant ses visites, commandé
des couronnes en jais d'un beau noir d'ébène luisant, des
couronnes en verroterie blanche qu'elle destinait à des
parents, et de celles en fleurs artificielles, d'un très
joli modèle, mais suranné, comme on en déposait autrefois
sur la tombe des ancêtres. Des chrysanthèmes, elle n'en
voulait pas; c'était trop moderne, disait-elle; mais le
vieux jardinier lui avait promis des dahlias aux couleurs
mordorées, aux fleurs tuyautées, qu'elle déposerait en
gracieuses pyramides dans chacune de ses urnes. L'avant-
veille même, elle avait eu le bonheur de retrouver son vieux
nègre qui, chaque année, crépissait à la chaux son petit
mausolée, contrat d'ailleurs que tante Louise n'accordait

109

jamais sans regimber sur le prix.

« Vous êtes si chérant, » disait-elle; « au temps de ma
grand-mère, on n'aurait payé que la moitié. » Aussi, avait-
elle fait la loi au petit moricaud qui devait sabler l'allée
et fourbir le devant de la tombe. C'était bien entendu que
l'allée serait propre, le sable orné de petits dessins
géométriques tracé au bâton, et les antiques urnes en marbre
polies et luisantes, remplies d'eau pour les dahlias; quant
à la grille, le vieux nègre devait la peindre d'un beau noir.
Le marbrier avait relevé la plaque et retouché quelques
inscriptions un peu effacées par l'âge; tout marchait donc
à merveille. Pour les visites, elles ne manqueraient pas,
toutes les cousines ayant promis de venir dire une petite
prière. Même Céleste, celle qui avait épousé un riche
Américain, sûrement viendrait avec ses garçons pour vénérer
la demeure funèbre de ses arrière-grands-parents. Ce fut
donc avec le calme du devoir accompli que tante Louise
s'endormit la veille de la Toussaint.

Elle s'éveilla plus tôt que de coutume et fit sa toilette
des grands jours; sa robe de soie bien brossée, son petit
fichu, son châle drapant ses épaules fines et un peu
voûtées, sa coiffure bien relevée, tout allait fort bien et,
satisfaite, elle se regarda au miroir. Elle vit une petite
vieille de soixante-douze ans, alerte encore, d'une apparence
distinguée malgré sa mise du vieux temps; ses cheveux blancs,
abondants et lisses, encadraient un visage ovale et
sympathique, où les rides du temps et les ombres des

tristesses passées n'avaient pu ternir l'éclat des yeux
encore brillants, ni flétrir un sourire toujours aimable et
gracieux. Cependant tante Louise ne connaissait que trop
le revers de la médaille; fille d'un riche planteur, enfant
gâtée, elle avait joui d'un luxe sans bornes et presque
fantasque, et son enfance n'avait jamais connu de refus.
Mais la débâcle survint avec la guerre, la fortune engouffrée
dans un désastre inouï, son fiancé et ses deux frères morts
sur le champ de bataille, son père paralysé par le choc
brutal, elle s'était trouvée livrée à ses propres ressources
à l'âge où la jeune fille ne rêve encore que bonheur; et
seule, sans appui, plongée du jour au lendemain du faîte des
délices en l'abîme du désespoir, elle avait lutté vaillam-
ment, aidant de son mieux ceux qui combattaient pour la
cause sainte, et travaillant ensuite avec courage et
résignation pour gagner son pain quotidien. Ah, elle en
connaissait de rudes, ma tante Louise.

Trottinant de son petit pas allègre vers la Cathédrale,
elle pria avec ferveur pour ses chers morts; puis, la messe
finie, elle se dirigea vers le Marché Français pour prendre
les dahlias et le feuillage que le vieux jardinier réservait
pour elle; elle choisit aussi des roses pour la tombe de
celui dont le souvenir vibrait encore dans son coeur.

Le soleil était déjà haut lorsqu'elle arriva au cimetière
Saint-Louis, et son coeur battait bien fort quand, après
avoir déposé son humble offrande sur le plateau de la soeur
quêteuse à l'entrée, elle s'avança dans le dédale des allées

coquillées. Les tombes resplendissaient du blanc laiteux
d'un frais badigeonnage; il y en avait qui ressemblaient à
de bonnes vieilles accroupies, jasant ensemble; d'autres se
tenaient à l'écart, fières et rigides, et il y en avait qui
s'affaissaient, les briques disjointes, les noms inconnus ou
bien oubliés. Tante Louise les connaissait bien. çà et là
elle rencontrait des groupes d'amis, faisait un signe
amical, parfois s'arrêtait, et par des ruelles arriva ainsi
au but. C'était dans un coin écarté des grandes allées!
Chaque tombe était petite mais proprette; il y avait là un
air de famille, un cousinage entre toutes, tel qu'il
existait pendant la vie de ceux qui y dormaient; elles
faisaient ainsi une petite communauté à elles seules, et des
noms ronflants marquaient ces sépulcres, des noms héraldi-
ques figurant dans le Gotha du dix-huitième siècle. Toutes
ces tombes, vêtues d'un même capuchon blanc, ressemblaient
à un petit groupe de religieuses, séparées de la vie
mondaine, et vivant dans leurs souvenirs, dans l'oubli des
choses terrestres.

Tante Louise regarda d'un air satisfait. Le vieux nègre
avait bien fait son ouvrage, le jeune mulâtre avait aussi
travaillé et elle se promit de leur donner un petit verre
de fine merise en récompense lorsqu'ils viendraient toucher
l'argent. Elle dénoua les brides de son chapeau et se mit à
l'oeuvre. Pour sa propre satisfaction, elle nettoya encore
le marbre et les urnes, plaça alors ses dahlias, attacha les
couronnes, retraça les petits dessins dans le sable et, la

besogne finie, ouvrit d'un grand geste symbolique la porte
de la grille afin d'y permettre l'accès aux visiteurs. Elle
avait bien chaud, car ce premier de novembre se ressentait
d'une arrière-saison lourde et pluvieuse, et se laissa choir
sur un petit banc tout proche. Machinalement elle relut les
noms sur la pierre tombale; ils étaient tous là et, par ce
fait, elle se sentait si bien en famille. Le monde commençait
à venir; elle remit son chapeau, car c'était l'heure des
visites traditionnelles. Déjà flottait dans l'air le parfum
des fleurs qu'on plaçait devant les caveaux et, par bouffées
venait la suave odeur d'encens et de cierges qui brûlaient;
on entendait le glapissement des marchands de gâteaux et le
bruit de la foule qui augmentait. Heureusement la retraite
de tante Louise, se trouvant à l'écart, était à l'abri des
curieux; parfois, cependant, quelques couples ou des
flâneurs s'avançaient en lisant à haute voix les vieux noms,
tout surpris de cet étalage de noblesse; mais, inconsciemment,
tante Louise, raide dans sa robe noire et avec un air de
prêtresse hiératique, leur en imposait et ils se détournaient
bien vite. Enfin, commencèrent les visites des parents. Un
à un, ils venaient; ceux-ci très chargés de gerbes de
chrysanthèmes; ceux-là, très pauvres, avec des fleurs
modestes; et tante Louise officiait, les recevait, récitait
un bout de prière avec eux et leur redisait avec emphase les
hauts faits des anciens parents. Car c'était bien son grand
jour; elle se rattachait à tout ce qui rappelait cette
époque disparue, et s'y cramponnait de toutes les forces de

sa petite volonté. Elle revivait ainsi le passé, le passé
de cette vie de grand seigneur, vie féodale où le planteur
en son domaine reflétait la vie des riches vassaux du moyen
âge. Chaque parent, en se retirant, serrait respectueusement
la main de tante Louise. C'étaient des condoléances, des
sympathies exprimées tout bas en chuchotant, on aurait dit
que les morts venaient de rendre l'âme. Enfin, arriva la
cousine du haut de la ville! Elle amenait ses _boys_, et tante
Louise dut faire l'aimable en anglais (chose qu'elle
détestait), et leur expliquer un peu cette histoire ancienne
qu'elle savait si bien.

Il y avait maintenant beaucoup de bouquets devant la
tombe; les urnes en étaient pleines; ils étaient même
amoncelés sur le sable, et on en avait attaché sur les
pointes de la grille. Le soleil baissait, les visiteurs se
faisaient plus rares dans ce petit coin; quelques vieilles
amies de tante Louise, elles aussi gardiennes fidèles de
leurs tombeaux, vinrent lui serrer la main, et tante Louise
rendait la politesse. Enfin, exténuée, elle resta seule;
droite encore, s'appuyant sur la pierre tombale afin de se
trouver plus près de ses chers morts. Sa robe de soie noire
semblait une tache d'encre sur le blanc mat de la pierre;
puis, dans un excès de fatigue, elle s'assit sur le banc.

Le ciel était resté couvert une grande partie de la
journée, mais maintenant le soleil, en son déclin, dardait
sur les tombes, caressant d'une fine poussière d'or leur
blancheur d'albâtre, et magnifiant dans une apothéose

l'humble coin où tante Louise sommeillait. Elle se sentait
tellement chez elle avec les siens; son père, grand seigneur
de l'ancien régime; sa mère, si bonne et si douce; ses deux
frères élevés à Paris et qui moururent le même jour sur le
champ de bataille de Manassas; son grand-père dont elle avait
une vague souvenance et qui l'amenait, toute petite, sur le
pommeau de sa selle, à travers champs; il y avait là aussi
son oncle Edouard qui ne manquait jamais chaque soir d'opéra
de venir de Jefferson dans sa grande berline tirée à quatre
chevaux; et voilà que le souvenir de cette berline lui
revenait, et des soupers qu'on faisait, assis sur les
coussins, pendant qu'à chaque cahotement les assiettes
tombaient aux grands éclats de rire des invités; et ainsi
les vagues et chers fantômes surgissaient: c'était Georges
son cousin, qui vivait à Paris; Edmond, grand chasseur et
fameux Nemrod; Alfred, qui avait les plus beaux chevaux de
la côte; tout ce monde de jadis, grands messieurs et dames
qui savaient jouir de la vie et en goûtaient tous les fastes
et les splendeurs. Mais voilà que soudain un visage
apparaissait et, à sa vue, le coeur de tante Louise tressail-
lait. C'était bien lui qui venait vers elle, lui, si bon et
si aimé. Oh! elle se rappelait comme si c'était hier: le
printemps venait d'éclore, et ils étaient tous deux sur la
galerie de la vieille maison de plantation, à l'heure où
les grands magnolias laissaient traîner dans l'air leurs
parfums capiteux, les glycines balançaient sous la brise
tiède leurs fraîches grappes mauves, et les jasmins

alternaient avec les orangers leurs bouffées de parfums
enivrants dans une litanie d'amour. Il était venu, par un
soir de baisers et d'ivresses, lui dire un suprême adieu.....
La patrie l'appelait, il avait obéi, et son uniforme gris de
Confédéré se noyait dans la pénombre de la galerie. Tante
Louise se revoyait toute jeune dans sa robe blanche,
sanglotant au fond de sa berceuse, abandonnant sa main au
fiancé qui la couvrait de caresses. Le lendemain il partait
pour la guerre, et tendrement ils s'étaient juré fidélité et
amour. Hélas! elle ne devait plus le revoir. Mort sur le
champ de gloire, on renvoyait à la triste fiancée sa
photographie trouvée sur le coeur du héros. De cette douleur
profonde, tante Louise ne s'était jamais remise, et fidèle
au tendre souvenir, elle nourrissait son âme de ce lointain
passé.

Il se faisait tard quand tante Louise, humble et modeste,
songea à rentrer. Dans les allées coquillées les fleurs
mouraient d'une agonie lente, les cierges s'inclinaient en
versant leurs dernières larmes, et les tombes, sous leurs
manteaux blancs, serraient les rangs, tristes et découragées
par leur réveil d'un jour. Elle s'en retournait pourtant,
la joie dans le coeur; une bénédiction céleste inondait son
âme d'une onction divine; son regard brillait d'un bonheur
indicible; elle, tante Louise, si timide et modeste, si
effacée et tranquille dans sa petite robe de soie noire,
avait vécu une heure de gloire et de rayonnement.

Cependant tante Louise n'est pas seule dans son humble

personnalité. Quoique dans la grande marche des événements, dans le bruyant spectacle des guerres sanglantes et des gouvernements écroulés, dans le panorama des communautés qui surgissent et se reforment après une lutte atroce, il n'y ait guère place pour les victimes innocentes, pour les héroïnes du devoir, pour l'être qui prend sa part, si petite et humble qu'elle soit; toutefois tante Louise nous la représente, cette personnalité touchante, ce dévouement aveugle, cette tendresse sans bornes et cette volonté opiniâtre, qui distinguèrent la femme louisianaise après la grande guerre. Nous connaissons tous tante Louise; elle est parmi nous mais, hélas, nous ne l'apprécions pas encore à sa juste valeur, et nous ne savons encore mesurer la hauteur de ses vertus sublimes.

Oh, femmes de l'histoire, femmes fortes et courageuses, qui trônez dans le Valhalla de la gloire; Lacédémoniennes, Spartiates, Romaines à la voix courroucée, Gauloises à la chevelure d'or, femmes des républiques, femmes qui vous battiez sur la brèche, Espagnoles luttant avec le Maure, femmes hardies et patriotes, femmes françaises qui saviez donner le baiser suprême à vos fils au son déchirant du clairon en marche, femmes lombardes qui montiez à l'assaut, Alsaciennes qui ramassiez le fusil du soldat blessé, femmes de dévouement inébranlable, de courage héroïque et de vertus civiques, femmes de sacrifice, mères s'immolant pour la patrie, faites place; laissez passer; car, lentement, à petits pas, sous sa robe de soie noire, avec son petit

chapeau et son fichu blanc, tante Louise s'avance, modeste
et résignée. Ah, elle ne vous gênera pas, soyez sûres; elle
ne connaît même pas son mérite; elle a souffert par devoir,
elle s'est dévouée noblement. Mais le jour viendra qu'un
romancier à la parole hardie, au geste assuré, la fera
revivre en consacrant sa mémoire; un jour viendra qu'un
poète touchera la lyre mélodieuse en chantant ses vertus,
tandis que sur elle tomberont à jamais les fleurs du regret
de sa patrie reconnaissante, et l'astre de la gloire fera
briller sur son front le sceau de l'immortalité.

Roche Lauve Sheldon (1856-?), fille d'Ulger Lauve, planteur de la Paroisse d'Iberville, fit ses études dans une école de jeunes filles fort connue à l'époque et dirigée par Mme Deron. A l'âge de quarante ans elle épousa W. J. Sheldon qui mourut quelques années plus tard. Peu de temps après son veuvage elle s'établit au Mexique auprès de sa soeur et de son beau-frère. Ecrivant sous le pseudonyme d'Ulla, et sous son propre nom, elle fit paraître des oeuvres de prose ainsi que des vers dans les <u>Comptes rendus de l'Athénée Louisianais</u>.

UNE
REVERIE

En Louisiane, sur les bords si pittoresques du Têche, limpide dans son lit de verdure, par un après-midi délicieux, ensoleillé et tout rayonnant de gerbes lumineuses, dorant toute la feuillée en se glissant sous les taillis ombreux, luminant jusqu'au courant oscillatoire du bayou légendaire, une jeune fille ballottée dans un joli batelet à avirons, apparaissait comme une tendre Napée au milieu de cette onde transparente, émaillée de lys nénuphars. La jeune Dryade était charmante. Ses yeux d'un brun fauve, frangés de longs cils qui voilaient son regard, lui prêtaient à la fois un air somnolent, presque endormi... sous l'effet soporifique d'une atmosphère embaumée, passant à travers le feuillage luisant du géant des forêts et faisant onduler comme une vague d'émeraudes scintillantes les ramilles des fougères éparses le long du cours d'eau. Ce balancement calme des rameaux florifères convenait à la rêveuse et la conviait au doux pays des songes qui la berçaient mélodieusement en l'enchantant!

Mélancoliquement penchée, elle entrevoyait dans la vision

de ses souvenirs tel visage bien connu, ou tel autre vu au
hasard. Toutefois, aucun de ces mâles visages n'avait le
pouvoir de la charmer assez pleinement pour qu'elle en
préférât l'un à l'autre!

Sa pensée vaguait mollement, puis s'envolait au loin avec
l'oiseau qui déployait ses ailes! Claire était indécise.
Elle s'agitait enfin, et dans une pose de physionomie où se
voyait une lueur de dépit passager, luit une expression de
gaîté soudaine sous un rire éclatant! A cette heure de
délassement moral, alors que Claire se ressaisit, elle releva
résolument la tête, et dans ce mouvement subit, sa belle
chevelure, se déroulant comme un flot soyeux, enveloppa ses
épaules d'un manteau d'or que le pinceau de Titien n'eût pas
renié.

La brise molle du sud, en se jouant dans les longs cheveux
de la jeune fille, en fit une sorte de voile entourant la
barque légère où se réfugiait la rêveuse.... Parfois, elle y
brodait et ses doigts blancs et fuselés se mêlaient
distraitement aux fils de soie de toutes les couleurs qu'elle
employait aux dessins divers d'un ouvrage de « Pénélope »
auquel elle apportait plus d'apparence que d'attention réelle,
malgré toute sa bonne volonté de s'occuper utilement. On eût
dit que Claire était arrivée à l'heure critique de son
bonheur, c'est à dire qu'elle avait souci de l'état
d'indifférence de son coeur, en amour... dont elle
s'éloignait sensiblement.

L'occasion était propice à débat intime; elle était

émue... mais souriait imperceptiblement, pour ainsi dire, de ce
sourire surpris, hésitant... lent et pensif tout à la fois,
tandis que ses lèvres, à demi-moqueuses, s'adoucissaient sous
la tristesse d'un regard révélateur.

Ses souvenirs se reportaient à d'heureux instants où, pour
la première fois lui apparut celui qu'elle eût aimé, peut-être!
Mais qu'importe! Ce n'était pas son idéal.

Claire possédait des qualités sérieuses de caractère de
coeur très capable d'attirer l'attention et l'admiration et de
fixer l'attachement. De sa personne, elle était plus que
gentille; sa taille svelte et gracieuse eût convenu à une jolie
fée; blanche et rose, elle avait la fraîcheur d'une aurore et
vraiment elle était jolie à voir!

D'une nature aimante et profonde, Claire avait été dès le
début de son adolescence, prodigue d'enthousiasme et
d'affection, ignorant que tous les coeurs ne battent pas à
l'unisson. Il s'ensuivit qu'elle fut désormais moins
demonstrative, quoique enjouée, aimant les plaisirs auxquels
elle apportait un entrain communicatif. Mais, au fond de
l'âme, elle restait sérieuse.

Tandis qu'elle se laissait bercer sur l'eau, tout entière
à ses pensées, les choses extérieures lui échappaient
momentanément, de sorte qu'elle n'eut pas conscience que dans
un mouvement d'épaules qui lui était habituel, en croisant
ses mains sur ses genoux, elle avait laissé tomber à l'eau
sa coquette ombrelle de soie vert Nil, qui l'abritait de la
vive clarté du soleil, réfléchie sur le miroir du Têche.

« Ah! » dit-elle, en regardant flotter son ombrelle. « C'est justement la nacelle qu'il me fallait pour renvoyer au loin mes regrets superflus, » acheva-t-elle. Chose étrange! Elle éprouvait quelque soulagement dans l'impression produite par ce détachement matériel; tant il est vrai qu'il faille au coeur humain, comme au corps, un choc quelconque pour s'accoutumer à la réalité.

Son front redevenu calme, Claire s'abandonna à mille pensées sereines, écloses comme autant de fleurs printanières sous un souffle bienfaisant. Elle se ressouvenait de son premier émoi sentimental lorsqu'elle avait seize ans et que l'illusion en faisait toute l'idylle spontanée.

Aimerait-elle jamais!...

Ainsi plongée dans ses propres réflexions, elle n'entendit point résonner l'écho des rames frappant d'un bruit sourd l'eau murmurante, ni le léger glissement d'un esquif que guidait un étranger distingué; mais ce n'est que lorsque le rameur jeta l'amarre à terre, que Claire s'aperçut de la présence du voyageur incognito.

Surprise et un peu intimidée de l'incident impromptu, elle laissa la parole à l'inconnu, et ce n'est que quand il lui présenta son ombrelle quelque peu endommagée sous le plongeon dans le Tèche, que Claire remercia le monsieur du sauvetage de son ombrelle de luxe.

« Mademoiselle, » s'empressa de dire l'étranger: « C'est qu'en trouvant flottant cet objet perdu, j'ai craint qu'il n'y eût un sauvetage plus sérieux à effectuer, et je remercie le ciel d'en être quitte pour une peur anticipée. >

Les deux personnages du petit drame se sentaient attirés
l'un vers l'autre, non seulement par la mise en scène
exceptionnelle du lieu enchanteur et ses décors rustiques,
mais plus encore par une sympathie mutuelle et charmante!
Sous le charme de tant d'éléments poétiques, le jeune artiste,
(il était peintre) ne pouvait se résoudre à prendre congé de
la jeune fille dont le type ravissant ferait honneur à sa
palette d'artiste; mais comment demander une telle faveur à
une étrangère?

Le dilemme était embarrassant,... pénible même...
lorsque soudainement éclata un de ces orages subits, tels
qu'il en survient aux saisons équinoxiales en Louisiane. Le
temps s'était mis de la partie pour faire triompher les
voeux de l'artiste, qui dut à Borée le plaisir d'être l'hôte
des parents de Claire.

Dans l'occurrence, la jeune fille se vit obligée d'offrir
l'hospitalité au jeune homme. Les présentations d'usage
eurent lieu et chacun dans la famille s'évertua à rendre le
court séjour de l'étranger à La Chênaie des plus agréables.

Dans l'attente de la réunion du soir chacun s'apprêta de
son mieux et à son goût. Claire reparut, exquisement mise,
mais sans recherche affectée. Sa rentrée au salon ne fut
pas inaperçue du jeune étranger dont les regards admirateurs
n'échappèrent pas à la jeune fille, devenue toute rose sous
l'émoi du plaisir de se savoir admirée. En effet, elle
était charmante!

L'opulence de ses beaux cheveux l'auréolait d'un nimbe
admirable. La toilette d'une nuance mauve violette de Parme,
faisait ressortir la blancheur de son teint délicat, en
prêtant un nouvel éclat à sa chevelure fauve.

Monsieur Maxime Deschamps, (l'hôte improvisé) ne pouvait
se lasser d'admirer Claire dont les charmes si purs
l'enchantaient.

La soirée fut intime, intéressante, inoubliable enfin.
Tous se firent des souhaits de bonne nuit et d'heureux
rêves. Le lendemain matin, le soleil était radieux!

La nature entière était resplendissante de beauté
printanière. A l'heure fixée pour son départ, Monsieur
Deschamps fut prodigue de reconnaissance et de remerciements
réitérés pour l'aimable famille qui l'avait si hospitalière-
ment reçu et qu'il quittait à regret... tout en conservant
l'espoir de pouvoir dans quelque temps revenir explorer en
artiste, les jolis paysages du Tèche. Ses hôtes, allant au
devant de ses désirs, l'invitèrent à revoir ceux de La
Chênaie. Aimable invitation qu'il accepta joyeusement et
qu'il réalisa en temps et lieu.

De part et d'autre, les adieux furent pleins de regrets
où battaient pourtant les ailes vertes de l'Espérance!

La visite du jeune artiste avait laissé à La Chênaie un
soupçon de rêve. Claire devint pensive... elle s'attachait
à la solitude. Souvent, on la voyait toute rêveuse,
recherchant sur les bords du Tèche, sa retraite de prédilection, où elle se laissait aller pleinement au souvenir de

Maxime, dont la nature chevaleresque l'avait conquise, à son insu et comme de force.

Un après-midi, à l'heure accoutumée, alors que les rayons diaprés du couchant jetaient une teinte d'opale vive aux alentours lumineux, et sur le gazon fleuri où la jeune fille, recueillie et rêveuse, reposait comme en une niche de verdure contre un chêne immense, aux rameaux chevelus formant un dais rustique au-dessus de Claire qui y était venue pour songer à l'inconnu; elle avait les yeux humides, les cils tremblants et le coeur plein d'émoi étrange... elle semblait être seule au monde, écoutant le bruissement de toute la nature.

C'est à cet instant opportun que le jeune pèlerin d'amour, impatient de toucher au port du bonheur, y approchait insensiblement et, pas à pas, jusqu'au chêne gigantesque sous lequel rêvait une nymphe, apparemment.

En y reconnaissant Claire, Maxime, avec toute l'ardeur de sa nature d'artiste, et le coeur d'un poète qui aime... saisit, d'un seul regard, comme il l'eût fait sur sa palette, la beauté indicible de cette vue enchanteresse. La jeune fille était faite pour le paysage et le paysage fait pour la jeune fille.

La nature et l'amour y chantaient à l'unisson; les voix de Maxime et de Claire s'y mêlaient en choeur pour consacrer un même amour. Dans tout le naturel abandon d'une pose touchante, Maxime revoyait Claire dont les regards étonnés mais parlants lui révélèrent le secret qu'il cherchait à

deviner. L'artiste peignit le portrait de Claire comme elle
lui apparut, telle une autre prêtresse des Gaulois; son
costume blanc, d'un tissu souple et seyant, la drapait en
druidesse antique. En la contemplant, Maxime se représentait
toute la mise en scène de la légende dramatique du « Gui »;
ces cérémonies étranges et fabuleuses qui furent propres au
culte du « Gui », alors que les druides se réunissaient une
fois par an dans de sombres forêts, pour cueillir ensemble,
avec une serpe d'or, ce parasite sacré du chêne qu'honoraient
les Gaulois ou Celtes.

L'actualité de cette légende semblait survivre dans toute
sa réalité féerique et descriptive.

Le sacrifice même semblait y être aperçu.

La jeune prêtresse offrait en holocauste son coeur au
pèlerin d'amour, venu de loin pour s'agenouiller au sanctuaire
de l'hyménée.

Contes folkloriques

LE CHIEN
ET LE TIGRE

Un beau jour un Chien acheta une centaine de poules et un coq. Un Tigre, de son côté, acheta une centaine de coqs et une poule. Tous les soirs le Chien trouvait un panier plein d'oeufs dans son poulailler et le Tigre ne trouvait qu'un seul oeuf. Le Tigre accusa le Chien de les avoir volés. Il amarra le Chien, le mit dans une brouette et partit pour le vendre. En chemin il rencontra un Chevreuil à qui il raconta son histoire. Il lui demanda s'il avait raison de vendre le Chien. Le Chevreuil lui répondit que non et le Tigre le tua.

Un peu plus loin il rencontra un Lion à qui il raconta son histoire. Le Lion dit au Tigre qu'il avait bien tort.

-- Vous parlez de cette façon parce que vous savez que vous êtes plus fort que moi, lui répondit le Tigre.

Peu après le Tigre entra dans un bois et quitta le Chien pendant quelques instants. Des Chasseurs de passage demandèrent au Chien ce qu'il faisait là. Le Chien leur raconta son histoire. Les Chasseurs lui demandèrent de leur dire où se trouvait le Tigre. Le Tigre eut très peur.

Depuis ce temps-là les Chiens n'ont plus jamais peur des bêtes sauvages.

COMPERE LAPIN
ET
MADAME CARENCRO

Savez-vous pourquoi les Carencros sont chauves? Non? Et
bien, je vais vous le dire.

Il était une fois une dame qui s'appelait Mme Carencro et
qui, perchée sur un chêne, était après couver ses oeufs. Son
mari n'était bon à rien, et en conséquence, elle crevait
toujours de faim.

Au pied du chêne il y avait un trou dans lequel habitait
un Lapin. Compère Lapin était gros et gras, et chaque fois
que Mme Carencro le voyait elle avait envie de le manger.

Un jour, alors que Compère Lapin était après dormir, Mme
Carencro prit de la mousse et des briques pour boucher le
trou. Ainsi, pensait-elle, muré dans son trou, Compère
Lapin finirait par crever de faim.

Lorsque Compère Lapin se réveilla et s'aperçut qu'il
était muré dans son trou, il supplia Mme Carencro de le
laisser sortir.

— Moi aussi j'ai faim, et je vais manger la chair de tes
os, répond-elle.

Voyant que ses prières étaient inutiles, Compère Lapin
cessa de parler. Mme Carencro de son côté se félicitait de
l'avoir pris au piège. Elle se léchait les babines à
l'avance à l'idée du bon dîner qu'elle allait faire. Comme
elle n'entendait plus Compère Lapin remuer, et le croyant
mort étouffé, elle se mit à ôter la mousse et les briques
qui bouchaient le trou. Alors qu'elle s'apprêtait à y
descendre, Compère Lapin fit un bond et en sortit. Quand il
fut bien loin, il dit:

131

-- Tu vois, c'est toi qui es prise au piège, et pas moi!

Compère Lapin partit en courant pour aller chez un de ses amis, car il avait peur de retourner auprès de Mme Carencro dans son trou sous le chêne.

Quelques jours plus tard Mme Carencro, qui ne pensait plus à Compère Lapin, se promenait avec tous ses petits qui venaient de sortir de leur coquille. Ils passèrent tout près de la maison de l'ami de Compère Lapin. Compère Lapin en fut bien content et se mit à préparer sa revanche.

Il courut dans la cuisine, prit une cuvette de fer-blanc et la remplit de braises et de cendres chaudes. Lorsque Mme Carencro et ses petits passèrent près de la galerie, il leur jeta le contenu de la cuvette afin de les brûler.

Mais comme vous le savez bien, les Carencros ont les plumes bien épaisses sauf sur la tête. Les Carencros se secouèrent, mais pas assez vite; en conséquence, les plumes de leur tête furent brûlées jusqu'à la peau.

Voilà pourquoi les Carencros sont chauves et ne mangent jamais les os de lapin.

MLLE MOQUEUR,
M. MOQUEUR
ET M. HIBOU

Il était une fois un M. Moqueur et un M. Hibou que étaient après faire la cour à une demoiselle Moqueur.

-- Je vais épouser celui qui va rester le plus longtemps sans manger. Je vais rester au bas de l'arbre, et vous deux, vous allez monter au sommet de l'arbre, leur dit-elle.

Regardant son amoureuse, M. Moqueur descendit de l'arbre, et se mit à chanter:

Chivi! Chivi! Ta, la, la!
Chivi! Chivi! Ta, la, la!
Hévé! Ta, la, la!

Quand il fut au bas de l'arbre il fit semblant d'embrasser Mlle Moqueur. Celle-ci lui donna quelque chose à manger de son bec, et il remonta dans son arbre.

Le Hibou qui avait tout vu se mit aussitôt à descendre de l'arbre en chantant:

Coucou! Ta, la, la!
Coucou! Ta, la, la!
Hévé! Ta, la, la!

Arrivé au bas de l'arbre, il essaya d'embrasser la demoiselle, mais elle détourna la tête en disant:

-- Va-t-en, va-t-en, tes ailes me font mal.

M. Moqueur descendait tous les jours de son arbre, embrassait la demoiselle et recevait quelque chose à manger. Pauvre M. Hibou descendait tous les jours lui aussi, mais ne recevait rien.

Quand il chantait, sa voix était bien faible et bien triste.

133

Coucou! Ta, la, la, la!
Coucou! Ta, la, la, la!
Hévé! Ta, la, la, la!

La demoiselle ne voulait ni le regarder, ni lui donner à
manger. Pauvre M. Hibou remontait dans son arbre le ventre
vide, alors que M. Moqueur était après se vanter et chanter
bien fort:

Chivi! Chivi! Ta, la, la!
Chivi! Chivi! Ta, la, la!
Hévé! Ta, la, la!

Pauvre M. Hibou crevait de faim. On pouvait à peine
l'entendre chanter, tellement il était faible.

Coucou! Ta, la, la!
Coucou! Ta, la, la!
Hévé, Ta, la, la!

Un jour qu'il était descendu de son arbre, il essaya
d'embrasser la demoiselle qui lui dit:

-- Va-t-en, va-t-en, tes grandes ailes me font mal.

Elle lui donna une tape qui le capota. Affaibli par la
faim, il tomba raide mort. M. Moqueur s'envola avec sa dame.

COMPERE BOUKI,
COMPERE LAPIN ET
LES OEUFS D'OISEAUX

Compère Bouki et Compère Lapin étaient voisins. Un beau
jour Compère Bouki se dit qu'il aimerait bien voir ce que
Compère Lapin faisait cuire dans sa cabane tous les soirs.
Il alla chez Compère Lapin et il vit une grande chaudière
sur le feu.

-- Oh, comme j'ai mal aux dents! Compère Lapin, qu'est-ce
que tu as dans cette chaudière?

-- Ça ne te regarde pas, Compère Bouki!

-- Qu'est-ce qui sent si bon dans cette chaudière? Oh,
comme j'ai mal aux dents!

-- Ce sont des oeufs d'oiseaux. Ne m'embête pas!

-- Que j'ai mal aux dents! Au moins, permets-moi d'y
goûter. Cela me guérira.

Compère Lapin lui donna quelques oeufs et Compère Bouki
les trouva si bons qu'il lui demanda où il pouvait en
trouver. Compère Lapin lui répondit qu'il le lui dirait le
lendemain.

Compère Bouki rentra chez lui et dit à sa mère qu'il
avait fait un bien bon souper chez Compère Lapin. Sa mère
lui demanda d'ouvrir la bouche pour pouvoir sentir ce qu'il
avait mangé. Elle prit un petit bout de bois, se mit à
gratter les petites particules d'oeufs qui y restaient, et
lui dit:

-- Oh, comme c'est bon, tu devrais bien m'en apporter.

Le lendemain, Compère Bouki partit de bonne heure en
compagnie de Compère Lapin pour lui montrer l'endroit où se
trouvaient les oeufs. Afin que les Oiseaux ne s'en

135

aperçoivent pas, Compère Lapin lui dit de n'en prendre qu'un
dans chaque nid. Compère Lapin parti, Compère Bouki s'empara
de tous les oeufs dans les nids. A leur retour, les Oiseaux
découvrirent qu'on leur avait volé tous les oeufs. Furieux,
ils jurèrent de se venger.

Il y avait dans le bois un bayou où tous les animaux
allaient se désaltérer. Les Oiseaux se postèrent au bayou
et virent arriver un Boeuf.

-- Compère Boeuf, c'est toi qui as mangé nos oeufs?

-- Non, mes amis, je ne mange que des herbes.

Le Cheval leur avoua qu'il ne mangeait que du foin, et
Compère Lapin les assura qu'il ne mangeait que des carottes
et des laitues.

Quant à Compère Bouki, il répondit bêtement:

-- Oui, oui, c'est moi qui ai mangé vos oeufs.

A peine avait-il achevé de parler que les Oiseaux lui
tombèrent dessus.

COMPERE LAPIN
ET COMPERE OURS

Un jour Compère Ours invita Compère Lapin et Compère Bouki à
dîner. Il leur dit qu'il avait acheté du beurre, du fromage
et des biscuits. Il leur dit aussi de venir avant dîner pour
l'aider à casser du maïs pour son cheval.

Compère Lapin et Compère Bouki acceptèrent l'invitation
de Compère Ours, et avant le lever du jour les trois Compères
allèrent ensemble dans les champs.

Vers neuf heures ils virent Compère Lapin dresser
l'oreille.

-- Qu'est-ce qui se passe? demanda Compère Ours.

-- Je n'ai jamais rien vu de plus ennuyeux que ces gens
chez moi. Ils sont après m'appeler et me déranger quand je
suis après faire mon ouvrage, dit Compère Lapin.

-- Je n'entends rien, dit Compère Ours.

-- C'est probablement parce que toi et Compère Bouki avez
de si petites oreilles que vous n'entendez rien. Mes
oreilles sont si longues que j'entends à plusieurs milles à
la ronde, dit Compère Lapin.

Compère Lapin s'en alla, et revint peu après disant que
c'était sa femme qui venait de tomber malade. Pendant la
journée, il se livra à ce même manège à trois reprises
différentes. A midi il annonça que sa femme était au beau
milieu de sa maladie. A trois heures il revint tout triste.

-- Tout est fini, dit-il.

Pensant que c'était sa femme qui était morte, Compère
Bouki et Compère Ours étaient après le plaindre. Au lieu
d'aller chez sa femme comme il l'avait dit, Compère Lapin

137

était allé chez Compère Ours et, petit à petit, avait mange ses provisions. Lorsqu'il avait annoncé que tout était fini, il avait voulu tout simplement dire qu'il avait mangé les provisions.

A cinq heures, les trois amis quittèrent leur ouvrage pour aller chez Compère Ours. Vous pouvez vous imaginer la colère de Compère Ours lorsqu'il vit que ses provisions avaient disparu. Tout de suite il accusa Compère Lapin qui jura que ce n'était pas lui.

-- J'en aurai le coeur net. Nous allons tous les trois nous coucher sur cette planche qui est dans l'eau en plein soleil. Le voleur va certainement tomber malade, dit Compère Ours.

Compère Lapin qui était très effronté, dit oui tout de suite, car il croyait pouvoir s'allonger à l'ombre de Compère Ours qui était bien plus gros que lui. Compère Bouki était d'accord lui aussi.

En arrivant à la planche Compère Lapin ne fut pas content lorsqu'il s'aperçut que c'était une planche de bateau, et qu'il n'allait pas pouvoir rester près de Compère Ours pour profiter de son ombre. Les trois Compères allèrent s'allonger assez loin l'un de l'autre.

Ils furent à peine installés que l'eau de le soleil rendirent Compère Lapin bien malade. Il se mit à vomir tout ce qu'il avait mangé.

-- Ah, je t'ai attrapé, Compère Lapin. Tu vas le payer cher. Je vais te pendre, dit Compère Ours.

-- Pends-moi si tu veux, ça m'est égal, répondit Compère

Lapin, et si tu veux, je vais t'apprendre un bon moyen pour le faire. Fais un trou dans le mur et passe la corde à travers. Ainsi, toi et Compère Bouki ne seront pas en plein soleil pour tirer la corde qui va me pendre. Je vais héler pendant que vous êtes après me pendre. Lorsque je m'arrêterai de héler, cela voudra dire que je n'ai plus de voix et que je suis mort.

Compère Ours fit ce que Compère Lapin lui avait dit, et amarra ce dernier. Pendant que Compère Ours et Compère Bouki étaient dans la maison, Compère Lapin dénoua les liens et se pendit par les pattes. Compère Ours tira la corde. Compère Lapin cria d'abord à tue-tête, et ensuite si bas que Compères Ours et Bouki le crurent mort. Ils allèrent de l'autre côté du mur et ne virent que la poussière que Compère Lapin était après faire.

Soudain, ils entendirent une voix:

-- Vous voyez, je suis plus _smart_ que vous, et je vous remercie du bon dîner que j'ai fait chez vous, leur cria Compère Lapin.

M. MACAQUE MARIE

Il était une fois un Macaque qui était tombé amoureux d'une
belle jeune fille. Il s'habilla comme un homme et courut la
voir. Il fut si bien reçu chez elle qu'un jour il y emmena
son meilleur ami pour voir la jeune fille qu'il aimait. Le
père de la jeune fille questionna l'ami de M. Macaque au
sujet de l'amoureux de sa fille. L'ami répondit que M.
Macaque était bon, et qu'il était riche, mais qu'il avait un
secret. Le père voulut apprendre le secret, mais l'ami lui
dit qu'il le lui dirait une autre fois. Finalement, M.
Macaque se fiança à la jeune fille et le soir de ses noces
il invita son ami à souper. Ce dernier, jaloux de M. Macaque,
se mit à chanter à la fin du souper. Il chanta une chanson
qui faisait danser les Macaques en dépit d'eux-mêmes.
Regardant son ami, M. Macaque lui fit signe d'arrêter la
chanson. Son ami néanmoins continua. M. Macaque se leva
subitement et se mit à danser. Il sauta tellement que sa
queue sortit de ses vêtements et tout le monde s'aperçut que
c'était un Macaque.

Le père comprit le secret du Macaque et lui donna une
bonne raclée. L'ami, de son côté, s'échappa en dansant et
en chantant.

COMPERE BOUKI
ET LES
MACAQUES

Un jour Compère Bouki alluma un feu sous une chaudière et
fit bouillir de l'eau pendant une heure. Quand l'eau fut
bien chaude, Compère Bouki sortit de la maison. Battant
son tambour pour appeler les Macaques, il se mit à chanter:

Sam-bombel; Sam-bombel tam!
Sam-bombel; Sam-bombel tam!

Les Macaques l'entendirent et s'écrièrent:

-- Qu'est-ce que c'est que ça? Compère Bouki doit avoir
quelque chose de bon à manger, allons-y!

Ils partirent en courant pour aller chez Compère Bouki
et là se mirent à chanter:

Molesi cherguinet, chourvan!
Cheguille, chourvan!

Lorsque Compère Bouki les entendit, il fut si content
qu'il se mit à se frotter le ventre.

-- Je vais me mettre dans la chaudière, dit Compère Bouki
aux Macaques, et lorsque je vous dirait, « Je suis cuit, »
sortez-moi de la chaudière.

Il sauta dans la chaudière, et au bout d'un petit moment
il cria:

-- Je suis cuit, je suis cuit, sortez-moi de la chaudière.

Les Macaques le sortirent aussitôt. Une fois sorti, il
dit aux Macaques:

-- C'est à vous maintenant de vous plonger dans la
chaudière. Lorsque vous serez cuits, appelez-moi et je
viendrai vous sortir de la chaudière.

143

Les Macaques y plongèrent à leur tour, mais l'eau était si chaude qu'ils se mirent à crier:

-- Je suis cuit, je suis cuit.

Compère Bouki prit alors son grand couvercle, couvrit la chaudière et en riant, dit aux pauvres Macaques:

-- Si vous étiez cuits, vous ne seriez pas capables de dire que vous l'êtes.

Une fois les Macaques cuits, Compère Bouki enleva le couvercle de la chaudière. Un petit Macaque qui était resté dans son coin s'échappa sans être aperçu par Compère Bouki.

Compère Bouki se mit à table et mangea de tout son soûl. Après avoir mangé tous les Macaques, Compère Bouki décida d'aller en attraper d'autres. Prenant son gros tambour, il courut sur la galerie. Battant le tambour, il se mit à chanter:

Sam-bombel! Sam-bombel tam!
Sam-bombel! Sam-bombel tam!

Les Macaques accoururent et chantèrent à leur tour:

Molesi cherguinet, chourvan!
Cheguille, chourvan!

Les Macaques assemblés, Compère Bouki se plongea dans la chaudière d'eau et dit:

-- Quand je dirai, « Je suis cuit, je suis cuit, » sortez-moi de la chaudière.

Au bout d'un moment Compère Bouki appela:

-- Je suis cuit, je suis cuit.

Les Macaques, avertis par le petit Macaque qui s'était échappé, prirent un gros couvercle et couvrant pauvre Compère Bouki dirent:

-- Si tu étais cuit, tu ne pourrais pas héler.

L'IRLANDAIS
ET LES
CRAPAUDS

Il était une fois un Irlandais qui était ivre et qui, revenant à son village, passa à côté d'une rivière dans laquelle il y avait beaucoup de Crapauds. Il entendit les Crapauds qui disaient:

-- Brum, brum, brum.

-- Ah, dit l'Irlandais, vous voulez mon rhum. Je vais vous en donner un peu, mais vous devez promettre de me rendre ma cruche. Mais dites-moi, est-ce que cette eau est profonde?

-- Jou, jou, jou, dirent les Crapauds.

-- Oh, dit l'Irlandais, ce n'est pas trop profond. Tenez, voilà mon rhum.

Il jeta la cruche dans l'eau, il attendit un bon moment et reprit:

-- Allons, messieurs, rendez-moi ma cruche. Il est tard et je dois rentrer chez moi où l'on m'attend.

Mais les Crapauds ne lui renvoyèrent pas la cruche. Alors l'Irlandais se jeta à l'eau qui était très profonde et qui lui vint jusqu'au cou.

-- Sacrés menteurs, dit l'Irlandais, vous m'avez dit que l'eau n'allait venir qu'à mes genoux et elle est à mon cou.

Et comme il était ivre il se noya.

LA TORTUE

Un Monsieur qui habitait sur le bord d'un bayou attrapa un jour une grosse Tortue. Il partit tout de suite pour inviter ses amis à dîner. En son absence, son petit Garçon s'approcha de la cage où se trouvait la Tortue. Celle-ci était après siffler.

-- Comme tu siffles bien, dit l'enfant.

-- Oh, ce n'est rien. Ouvre la cage et tu vas voir.

Le Garçon ouvrit la cage et la Tortue siffla encore mieux qu'avant. Le Garçon fut enchanté.

-- Pose-moi sur la planche et tu vas voir.

Le Garçon obéit et la Tortue se mit à danser et à chanter.

-- Oh, comme tu danses bien, et comme tu chantes bien!

-- Mets-moi sur le bord du bayou et tu vas voir.

Le Garçon la posa sur le bord du bayou, et la Tortue se mit à danser et à chanter de plus belle. Tout à coup elle disparut dans l'eau. Le pauvre Garçon commença à pleurer.

Se dressant au milieu du bayou, la Tortue lui dit:

-- Ne te fie pas à ceux que tu ne connais pas.

Ayant peur de son père, le Garçon mit une grosse pierre plate dans la cage. La Cuisinière qui croyait que c'était la Tortue, plongea la pierre dans la chaudière. Bien étonnée de la voir rester si dure, elle la montra à son maître qui ordonna de la faire mettre sur la table. Il prit son couteau de table et essaya de la couper. Ce fut en vain. Il prit le couteau à découper, et ce fut en vain aussi. Il prit la hache, cassa les plats, cassa la table, mais la pierre tint bon. C'est alors qu'il s'aperçut que ce

149

n'était qu'une pierre.

Et même à cette heure, il ne comprend toujours pas comment la Tortue s'est transformée en pierre.

COMPERE LAPIN
ET M. DINDON

En revenant de l'ouvrage tous les soirs, Compère Lapin devait
traverser une cour. Dans cette cour il y avait toujours un
gros Dindon endormi sur un perchoir. Comme tous les Dindons
qui sont après dormir, sa tête était cachée sous son aile.
Tous les soirs Compère Lapin s'arrêtait pour regarder, et se
demandait ce que le Dindon avait fait de sa tête.

Etant très curieux, il s'arrêta un soir sous le perchoir
et dit:

-- Bonsoir, M. Dindon.

-- Bonsoir, dit le Dindon, sans lever la tête.

-- Avez-vous une tête, M. Dindon?

-- Oui, j'ai une tête.

-- Où est-elle?

-- Ma tête est là.

Compère Lapin avait beau chercher, il ne voyait pas la tête
de M. Dindon. Comme le Dindon ne voulait ni lui parler ni lui
montrer sa tête, il retourna chez lui et dit à sa soeur:

-- Est-ce que tu sais que les Dindons ôtent leurs têtes
pour dormir? Eh bien, je crois que moi aussi je vais en
faire autant, car c'est beaucoup moins de tracas de dormir
sans tête. Et de plus, on peut parler sans tête puisque M.
Dindon me parle sans la sienne.

Avant que sa soeur puisse lui répondre, il prit une hache
et se coupa la tête. Sa soeur essaya mille façons de lui
recoller la tête. Mais elle n'y réussit pas.

Son frère s'était tué!

151

LE MARIAGE
DU DIABLE

Il était une fois une jolie jeune fille qui était si fière
que chaque fois qu'un jeune homme venait lui faire la cour,
elle trouvait un prétexte pour le renvoyer. Elle trouvait
celui-ci trop petit, celui-là trop grand, un troisième trop
roux; bref, elle refusait tous ses prétendants.

Un jour sa mère lui dit:

-- Ma fille, tu vois ce grand, grand arbre au milieu de
la rivière? Je vais mettre ce giraumon sur la plus petite
branche en haut de l'arbre. Le jeune homme capable d'y
grimper pour saisir le giraumon sera ton mari.

La fille acquiesça et elles mirent une annonce dans
toutes les gazettes. La semaine suivante, une foule de
jeunes gens se présentèrent. Parmi eux s'en trouvait un en
particulier, magnifiquement habillé, et d'une grande beauté.
C'était le Diable lui-même, et personne ne le reconnut. La
jeune fille dit à sa mère:

-- J'espère qu'il pourra attraper le giraumon.

Tout le monde essaya, mais personne n'y réussit. Lorsque
ce fut le tour du Diable, en l'espace d'un instant il se
trouva au sommet de l'arbre, le giraumon à la main.
Aussitôt descendu, il dit à la jeune fille:

-- Viens maintenant, viens chez moi.

La jeune fille mit sa plus belle robe et partit avec le
Diable. Sur le chemin, ils rencontrèrent un homme qui dit
au Diable:

-- Rends-moi la cravate et le col que je t'ai prêtés. Le
Diable ôta sa cravate et son col et dit:

153

-- Tiens, tiens, prends ta vieille cravate et ton vieux col!

Un peu plus loin un autre homme voyant le Diable, lui dit:

-- Rends-moi la chemise que je t'ai prêtée. Le Diable ôta sa chemise et lui dit:

-- Tiens, tiens, prends ta vieille chemise!

Un peu plus loin il vit un autre homme qui lui dit:

-- Donne-moi le capot que je t'ai prêté. Le Diable ôta son capot et lui dit:

-- Tiens, tiens, prends ton vieux capot!

Un peu plus loin il vit un autre homme qui lui dit:

-- Donne-moi les culottes et les caleçons que je t'ai prêtés.

Le Diable ôta ses culottes et ses caleçons et lui dit:

-- Tiens, tiens, prends tes vieilles culottes et tes vieux caleçons!

Un peu plus loin encore, un autre lui demanda son chapeau. Il ôta son chapeau et le lui rendit. Après ça, il descendit de sa voiture, disparut un petit moment et réapparut bien faraud comme auparavant.

La fille commençait à avoir peur lorsqu'ils rencontrèrent un autre homme qui dit au Diable:

-- Rends-moi les chevaux que je t'ai prêtés.

Le Diable descendit, lui donna ses quatre chevaux et dit à la fille:

-- Descends, et attelle-toi à la voiture!

La fille descendit, et le coeur battant follement, elle

traîna le Diable chez lui.

Entrant dans son jardin il dit à la fille:

-- Reste avec ma mère.

Lorsque le Diable fut parti, la mère du Diable dit à la
fille:

-- Ah, ma fille, tu es mal mariée, tu as épousé le Diable.

La fille était si chagrinée qu'elle ne savait plus que
faire. Elle dit à la vieille femme:

-- Je vous prie, ma bonne vieille dame, aidez-moi à
m'échapper!

-- Attends jusqu'à demain matin. Entretemps je vais te
montrer quelque chose.

Elle mena la fille dans une petite chambre, ouvrit la
porte et dit:

-- Viens voir quelque chose, ma fille.

La fille jeta un coup d'oeil. Que vit-elle? Elle vit un
tas de femmes pendues à des clous. Elle eut si peur qu'elle
ne sut que dire. Finalement, elle demanda à la vieille
femme de la cacher quelque part jusqu'au lendemain. La
vieille femme lui répondit:

-- Je vais te dire comment tu peux t'échapper. Ce soir,
lorsque le Diable te dira de donner un sac de maïs à son coq
qui le réveille tous les matins, donne-lui-en trois afin
qu'il en mange davantage. Ainsi, il ne chantera pas de si
bonne heure. Ensuite, va dans le poulailler et prends six
oeufs sales. Ne prends surtout pas des oeufs propres, ça te
portera malheur.

Le lendemain matin, la fille donna au coq ses trois sacs
de maïs, prit les oeufs et s'en alla. Lorsque le coq eut
fini de manger, il se mit à chanter:

-- M. le Diable, réveillez-vous bien vite! Quelqu'un
s'est enfui de la maison.

Le Diable se leva en hâte et partit. La fille regarda
derrière elle et vit de la fumée et du feu. C'était le
Diable. Elle prit un oeuf et le cassa. Une grosse barrière
en bois s'éleva. Ayant besoin de sa hache pour abattre la
barrière, le Diable fut obligé de retourner à la maison pour
la chercher. La barrière abattue, il rapporta la hache chez
lui.

La fille regarda derrière elle et vit de la fumée et du
feu. C'était le Diable en personne. Elle cassa un autre
oeuf, et une barrière en fer s'éleva. Le Diable retourna
chez lui chercher sa hache en or pour abattre la barrière.
Après l'avoir abattue, il retourna chez lui pour rapporter
la hache.

Voyant le Diable derrière elle, la fille cassa un autre
oeuf. Un gros feu apparut sur le chemin. Le Diable alla
chercher une jarre d'eau pour l'éteindre, puis il retourna
chez lui avec la jarre.

La fille regarda derrière elle. Elle vit de la fumée et
du feu. C'était le Diable. Elle cassa un autre oeuf et une
barrière en briques s'éleva. Le Diable fut obligé d'aller
chez lui chercher la hache en or pour abattre la barrière
en briques. La barrière abattue, il rapporta la hache.

Regardant derrière elle à nouveau, la fille vit de la fumée et du feu. C'était le Diable. Elle cassa un autre oeuf et un petit fleuve apparut. Elle monta dans une petite pirogue et traversa le fleuve. Le Diable fut obligé de le traverser à la nage.

La fille regarda derrière elle une fois de plus et vit de la fumée et du feu. Voyant le Diable, elle cassa un autre oeuf, et cette fois-ci un gros fleuve apparut. De l'autre côté du fleuve un gros Caïman se chauffait au soleil. La fille se mit à lui chanter:

-- Grand-mère, je t'en supplie, fais-moi traverser la rivière. Sauve-moi la vie!

Le Crocodile lui répondit:

-- Monte sur mon dos, et je vais te sauver la vie.

Voyant comment la fille avait fait pour traverser le fleuve, le Diable dit au Crocodile:

-- Fais-moi traverser, Crocodile, fais-moi traverser!

-- Monte sur mon dos et je vais te faire traverser.

Lorsqu'il atteignit le milieu du fleuve, le Crocodile plongea sous l'eau et le Diable se noya.

Un peu plus loin, la fille vit son vieux Cheval. Le jour où elle avait quitté sa mère pour aller avec son époux, sa mère lui avait demandé ce qu'elle voulait faire de son vieux Cheval blanc.

-- Fais ce que bon te semblera, lui avait dit la fille, mets-le dans la savane et laisse-le mourir, si tu veux.

Voyant maintenant son vieux Cheval dans la savane, elle

lui dit:

-- Je t'en prie vieux corps, sauve-moi la vie.

-- Ah, tu veux maintenant que je te sauve la vie!
N'avais-tu pas dit à ta mère de me laisser mourir? Eh bien,
monte sur mon dos et je vais te ramener chez toi.

Arrivée chez elle, la fille mit pied à terre, embrassa le
Cheval et ensuite embrassa sa mère.

Depuis ce temps-là, elle habite avec sa mère et ne veut
plus se marier. Elle avait épousé le Diable.

JEAN
SOTTE

Il était une fois un homme si sot que tout le monde l'appelait
Jean Sotte. Il était si simple d'esprit que tout le monde se
moquait de lui. Il allumait la lampe en plein jour et
l'éteignait le soir. Il ne prenait jamais son parasol pendant
la journée mais au contraire le prenait la nuit quand il
faisait bien noir. En été il mettait son gros capot, et en
hiver il courait presque tout nu avec un grand éventail.
Bref, il faisait tout à l'envers.

Entendant parler de Jean Sotte, le Roi Bangon qui aimait
bien faire des niches le fit venir pour amuser ses amis.
Lorsque Jean Sotte parut devant le Roi, tout le monde se mit
à rire, tellement il semblait maladroit. Le Roi lui demanda
s'il savait compter. Jean Sotte répondit qu'il savait
compter des oeufs. Hier il en avait trouvé quatre, et puis
deux.

-- Cela en fait combien? lui demanda le Roi.

Jean Sotte se mit à compter sur ses doigts, répondant que
ça faisait quatre, et puis deux.

-- C'est en effet ça, lui dit le Roi. Mais dis-moi,
c'est vrai que Compère Lapin est ton papa?

-- Oui, c'est lui.

-- Non, non, dit quelqu'un d'autre, je crois que c'est
plutôt Compère Bouki.

-- Oui, oui, dit Jean Sotte, lui aussi.

-- Non, non, dit une vieille femme qui était là, c'est
Compère Renard qui est ton papa.

-- Oui, oui, ils sont tous mes papas. Toutes les fois où

159

je les rencontre ils me disent, « Bonjour mon petit », par
conséquent ils sont tous mes papas.

Tout le monde se moqua de Jean Sotte.

-- Jean Sotte, dit le Roi, apporte-moi demain matin une
bouteille de lait de taureau pour que j'en fasse un remède
pour ma fille. Elle est malade avec un point dans le dos.

-- C'est bon, dit Jean Sotte, je vais l'apporter demain
matin de bonne heure.

-- D'ici un mois, le premier avril, tu reviendras ici
pour deviner quelque chose, lui dit le Roi. Si tu es
capable de deviner, je te donnerai ma fille en mariage.
Mais si au bout de trois essais tu échoues, mon bourreau te
coupera le cou.

-- Je vais essayer, dit Jean Sotte.

Et sur cela il partit pour aller soi-disant chercher du
lait de taureau.

Arrivé chez lui, il raconta à sa mère ce qui s'était
passé. La vieille femme se mit à pleurer. Rien ne pouvait
la consoler. Bien que son garçon fût sot, c'était après
tout son seul enfant et elle l'aimait. Elle lui défendit de
retourner chez le Roi. Elle menaça de l'amarrer et de le
faire emprisonner par le shériff. Sans faire attention aux
menaces de sa mère, Jean Sotte partit avant le jour avec sa
hache.

Arrivé à la maison du Roi, il grimpa dans un grand chêne
et se mit à faire du bruit:

-- Caou, caou, biche, biche!

Il réveilla tout le monde dans la maison. Un domestique du Roi sortit pour voir ce qui se passait. Lorsqu'il découvrit Jean Sotte en haut de l'arbre, il lui demanda:

-- Qu'est-ce que tu fais là, bougre d'animal? Tu vas réveiller tout le monde.

-- Ça ne te regarde pas, répondit Jean Sotte. Tu es chien de garde pour japper ainsi dans la cour? Ecoute-moi bien. Lorsque ton maître le Roi viendra, je lui dirai moi-même ce que je suis après faire ici.

Lorsque le Roi sortit, il demanda à Jean Sotte ce qu'il était après faire. Il lui répondit qu'il était après tailler l'écorce du chêne pour en faire de la tisane pour son père qui était malade. Son père venait d'accoucher de deux jumeaux la veille.

-- Aïe, dit le Roi, pour qui tu me prends, Jean Sotte? Où as-tu jamais entendu d'un homme qui accouche? Je crois que tu te moques de moi.

-- Comment ça se fait alors, que vous m'avez demandé hier de vous apporter une bouteille de lait de taureau? Si vous, vous aviez raison, moi j'ai raison aussi.

-- Je crois que tu n'es pas aussi sot qu'on veut le croire. Va à la cuisine, on te donnera ton déjeuner. N'oublie pas, cependant, de venir le premier avril pour voir qui mangera le poisson d'avril, répondit le Roi.

Lorsque Jean Sotte se rendit chez lui, il raconta le tout à sa vieille mère. La pauvre femme se mit à pleurer. Elle défendit à Jean Sotte de retourner chez le Roi, car elle avait bien peur que son cher petit se fasse couper le cou.

Le jour venu, Jean Sotte monta sur son cheval et partit
sans que sa mère le sache.

Compère Bouki qui était malfaisant et traître, se dit:

-- Je vais essayer d'empêcher Jean Sotte d'y aller et de
deviner la réponse. Je sais qu'il est sot, qu'on va lui
couper le cou, et aussi qu'on va lui garder son cheval. Il
vaut mieux que ce soit moi qui profite de toute cette
affaire. Pas un mot, vous allez voir ce que je vais faire.

Compère Bouki prit un grand panier rempli de gâteaux
empoisonnés et mit le panier sur le pont où Jean Sotte devait
traverser.

-- S'il mange ces gâteaux, raisonnait Compère Bouki, il
en mourra, et moi j'aurai son cheval.

Compère Bouki savait bien que Jean Sotte était gourmand
et que sans aucun doute il mangerait les gâteaux.

Compère Lapin, d'autre part, aimait Jean Sotte. Une fois
lorsque Compère Lapin avait été pris dans un piège, c'était
Jean Sotte qui l'avait remis en liberté, et Compère Lapin
ne l'avait jamais oublié.

-- Je vais protéger ce pauvre innocent, se dit Compère
Lapin.

Bien avant qu'il fasse jour, Compère Lapin attendait Jean
Sotte sur le chemin. Lorsqu'il le vit, il lui dit:

-- Jean Sotte, je suis venu pour te rendre service.
Ecoute bien! Même si tu es après mourir de faim et de soif,
ne mange rien, et ne bois rien en route! Lorsque le Roi te

posera la devinette, donne-lui la réponse que je vais te
chuchoter à l'oreille. Approche-toi, je ne veux pas qu'on
nous entende.

Compère Lapin lui dit à voix basse ce qu'il devait
répondre.

-- Oui, oui, je comprends, dit Jean Sotte, et il se mit à
rire.

-- Ne m'oublie pas quand tu vas épouser la fille du Roi.
Nous pourrons faire de bonnes affaires ensemble.

-- Oui, oui, dit Jean Sotte, je ne vais pas t'oublier.

-- Bon voyage, et fais bien attention à ce que tu vas
voir. Regarde bien, écoute bien, et tu vas en profiter.

Jean Sotte se mit en route et peu de temps après, il
arriva au pont qui traversait la rivière. La première chose
qu'il vit, c'était le panier de gâteaux de Compère Bouki.
L'odeur qui s'en dégageait était si bonne qu'il en fut bien
tenté. Jean Sotte les toucha, et il eut bien envie de les
goûter. Se rappelant ce que Compère Lapin lui avait dit,
il s'arrêta un instant et se dit:

-- Allons voir s'ils vont faire du mal à mon cheval.

Il prit une douzaine de gâteaux et les offrit à son
cheval. Presque aussitôt, la pauvre bête tomba raide morte
sur le pont.

-- Ah, Compère Lapin avait bien raison de me faire
prendre des précautions. Un peu plus, et c'est moi qui
aurais été perdu.

Avant de se remettre en route, Jean Sotte jeta son cheval

dans la rivière. Alors que la pauvre bête allait à la dérive, trois carencros vinrent se poser sur son cheval et se mirent à le dévorer. Jean Sotte contempla cette scène pendant longtemps. Finalement, le cheval disparut derrière la pointe.

-- Compère Lapin m'avait bien dit d'écouter, de regarder, et de ne rien dire. J'ai maintenant une devinette pour le Roi.

Lorsque Jean Sotte se présenta devant le Roi, personne ne voulait plus deviner. Tous ceux qui avaient essayé trois fois s'étaient fait couper la tête par le bourreau du Roi. Une cinquantaine d'hommes étaient déjà morts. Tout le monde, en voyant Jean Sotte, dit:

-- Ah, voilà Jean Sotte! Il va essayer la devinette aussi. Il est si sot qu'il va finir par se faire couper le cou.

Lorsque le Roi vit Jean Sotte, il éclata de rire, et lui dit:

-- Dis-moi qui marche à quatre pattes le matin de bonne heure, sur deux pattes à midi, et sur trois pattes le soir.

-- Si je devine, vous allez me donner votre fille?

-- Oui, dit le Roi.

-- C'est facile à deviner, ça, répondit Jean Sotte.

-- Eh bien, hourrah! Fais vite si tu ne veux pas que je te coupe le cou.

-- Un petit enfant marche à quatre pattes, dit Jean Sotte. Lorsqu'il grandit, il marche sur deux pattes, et quand il est vieux, il a besoin d'un bâton, et ça fait trois pattes.

Tous les gens en restèrent bouche bée, tellement ils furent étonnés.

-- Tu as deviné juste, dit le Roi. Ma fille t'appartient. C'est mon tour à moi de deviner. Puisque je sais tout, qu'on me demande n'importe quoi! Si je ne devine pas, je vais donner ma place et ma fortune.

-- J'ai vu un mort qui portait trois vivants et qui les nourrissait. Le mort ne touchait ni la terre ni le ciel. Dites-moi ce que c'est, ou je prendrai votre place et votre fortune, lui dit Jean Sotte.

Le Roi Bangon essaya de deviner. Il dit ceci, puis cela, et toutes sortes de choses. Incapable de deviner, il fut obligé d'abandonner. C'est alors que Jean Sotte lui dit:

-- Mon cheval est mort sur le pont. Je l'ai jeté dans la rivière, et quand il allait à la dérive, trois carencros sont venus se poser sur lui, et l'ont dévoré dans la rivière. Le cheval ne touchait ni la terre ni le ciel.

C'est ainsi que tout le monde s'aperçut que Jean Sotte était beaucoup plus malin qu'il n'en avait l'air. Il épousa la fille du Roi, il prit la place du Roi et il gouverna le royaume. Il nomma Compère Lapin son premier intendant, et il fit pendre Compère Bouki pour ses coquineries.

Depuis ce temps-là, son nom fut changé de Jean Sotte à Jean l'Esprit.

Avant de venir ici, nous autres pauvres diables, nous étions tous libres et nous n'étions pas obligés de travailler pour un maître. Ce sont les blancs qui sont allés nous chercher dans notre pays en Afrique. Certains d'entre nous furent enlevés, et d'autres vendus par notre papa pour un mouchoir rouge, une bouteille de tafia ou un vieux fusil.

Une fois lorsque nous étions après faire la guerre, certains d'entre nous furent faits prisonniers, et d'autres furent vendus aux blancs qui venaient faire des affaires sur la côte. On nous emmena liés deux par deux. Lorsque nous atteignîmes la côte comme un troupeau d'animaux, nous fûmes échangés, hommes, femmes et enfants, non pas pour de l'argent, mais pour toutes sortes de marchandises. Les blancs nous mirent dans des bateaux et nous menèrent ici. C'est comme ça qu'on fit de nous des esclaves en Amérique.

Lorsque Manga, ma grand-mère, arriva sur la côte, elle vit au bord de la mer une jolie petite ville avec de petites maisons. Il y avait beaucoup de bateaux qui semblaient danser, les uns montant, les autres descendant. C'était le vent, imaginez-vous, qui soufflait et qui faisait remuer la mer. Ma pauvre grand-mère qui était jeune dans ce temps-là, eut très peur lorsqu'elle vit qu'on mettait tous les noirs à bord des bateaux. Elle crut qu'ils allaient tous être noyés en mer. Un blanc qui s'était approché d'elle, l'acheta à son maître. Il l'emmena chez lui et lui dit dans sa langue:

-- Je t'ai achetée pour que tu gardes mon petit garçon.

167

Il avait une belle maison avec un magasin et un joli jardin. Derrière la maison, il y avait un grand nombre d'orangers qui étaient si grands qu'ils donnaient beaucoup d'ombrage. C'est pour vous dire à quel point le pays de ma grand-mère était un bon pays; les orangers étaient en fleur tout le temps et il y avait des fleurs, de petites oranges et des oranges mûres toute l'année.

La maison était près de la mer et tous les matins Manga emmenait Florimond se baigner. Le petit garçon était si joli et si intelligent que tout le monde adorait le pauvre enfant. Il chantait si bien et il imitait tous les oiseaux si admirablement, que l'on croyait souvent que c'était Nita qui chantait dans les arbres.

Nita était un petit oiseau d'Afrique qui chantait le soir quand la lune brillait. Nita chantait encore mieux lorsqu'une brise légère soufflait. Comme le rythme du hamac permet à l'homme de mieux chanter, la brise qui balançait les branches permettait au petit oiseau de mieux chanter aussi. Florimond imitait si bien Nita que tout le monde croyait entendre les chants de l'oiseau. Naturellement, cela amusait beaucoup le petit garçon.

Le père de Florimond faisait des affaires avec les noirs qui vivaient loin dans le bois. C'est ainsi qu'un jour il partit pour aller chercher de la poudre d'or et des dents d'éléphants. En partant, il dit à Manga:

-- Prends bien soin de ma femme et de mon petit garçon. Je t'ai déjà donné une paire de souliers, et à mon retour je vais te donner une jolie robe et un collier.

Lorsque Manga mit ses souliers la première fois, ils lui firent si mal qu'elle pouvait à peine marcher. Arrivée à la maison, elle se déchaussa. Assise sur les marches et après regarder ses orteils, elle dit:

-- Tortillez-vous, tortillez-vous, mes pauvres petits orteils. Vous étiez bien emprisonnés jusqu'ici, mais vous êtes libres maintenant. Vous êtes contents, n'est-ce pas? Je ne vous mettrai jamais plus en prison. Je ne comprends pas comment les blancs peuvent mettre leurs orteils dans de pareilles choses.

Après ce jour-là, elle ne mit plus jamais ses souliers. Trois jours après le départ du maître pour le grand bois, la dame dit à Manga d'emmener Florimond au bord de la mer pour le baigner. Alors que le petit garçon était après jouer avec des coquillages et du sable, ils virent arriver un esquif rempli d'hommes qui en débarquèrent. Lorsqu'un blanc passa tout à côté d'elle, Manga éprouva une drôle de sensation comme si un malheur allait arriver. Les yeux de l'homme brillaient comme ceux d'un chat la nuit. En passant, il dit:

-- Bonjour, Florimond.

L'enfant ne répondit pas. Lorsque Manga et Florimond retournèrent à la maison, la dame les envoya jouer dans la cour.

Toutes les fois que le maître était absent, l'étranger venait à la maison. Florimond ne voulait pas le voir. Un

jour l'enfant dit à l'étranger qu'il allait parler de lui à
son papa. Fâché, ce dernier dit à Manga:

-- Diablesse noire! Si jamais tu ouvres la bouche pour
dire ce que tu as vu ici, je te couperai la langue avec mon
gros couteau. Ensuite, je te mettrai dans mon bateau, je te
coudrai dans un sac, et je te jetterai à la mer pour que les
poissons te mangent.

Manga eut si peur que même si on l'avait fouettée pendant
toute une journée, elle n'aurait soufflé mot.

Ce soir-là, Florimond pleura tellement que Manga eut
toutes les peines du monde à l'endormir. Son lit était à
côté de celui du petit garçon. Pendant la nuit, Manga vit
le pirate entrer dans la chambre avec un gros bâton. Il
frappa la tête du petit garçon et dit:

-- Il est mort. Je vais le mettre dans le trou que j'ai
creusé dans le jardin. Ensuite, je vais faire l'affaire de
cette négresse.

Manga cependant, s'était déjà enfuie dans la cour.
Pensant qu'elle s'était échappée par le chemin, l'homme courut
pour l'attraper. Entretemps, la mère de Florimond entra dans
la chambre. Elle prit le petit garçon dans ses bras, et alla
l'enterrer dans le trou près duquel Manga s'était cachée. La
mère n'avait pas tout à fait fini son vilain ouvrage
lorsqu'elle entendit un bruit. S'enfuyant à la hâte, elle
rencontra le pirate qui lui dit:

-- Je crois que la fille s'est enfuie dans le bois. Nous
n'avons pas besoin de nous faire de soucis, car les lions et

les tigres vont la manger bien vite. Maintenant, je dois
aller à bord de mon bateau. A mon retour, je viendrai vous
prendre.

Lorsque la dame retourna dans la maison, Manga sortit de
sa cachette. Elle était si faible qu'elle pouvait à peine
se tenir debout. Avant de partir, elle embrassa la terre
où son cher petit maître avait été enfoui.

-- Adieu, petit ange!

Elle s'enfuit dans le bois. Plutôt que de rester avec
cette cruelle mère, elle préférait se trouver parmi les
bêtes sauvages.

Après avoir marché quelque temps aussi vite que possible,
elle s'arrêta près d'un bayou dans le bois. Elle but de
l'eau et s'assit pour se reposer un moment. Elle était
presque endormie lorsqu'elle fut réveillée par des mots
prononcés à haute voix. Elle vit des hommes tout autour
d'elle, et parmi eux son maître qui semblait être très en
colère.

-- Qu'est-ce que tu es après faire ici, si loin de ma
maison? Je t'ai chargée de mon petit garçon. Je crois que
tu as dû commettre une mauvaise action et que tu t'es
échappée!

Se rappelant les menaces du pirate, Manga ne répondit pas.
Le maître ordonna à ses hommes de la ramener à la maison,
et lui-même retourna chez lui aussi vite que possible.

Arrivé chez lui, il trouva sa femme qui était après
pleurer et qui lui dit:

-- Ah, quel malheur! Manga a été négligente. Florimond
est tombé sur sa tête, et maintenant notre pauvre petit
garçon est mort. Je voulais tuer cette négresse, mais elle
s'est enfuie. Je ne sais pas où elle est. Si jamais je
l'attrapais, je l'étranglerais de mes propres mains.

Lorsque le pauvre homme apprit que son petit garçon était
mort, il s'évanouit. On le mit au lit où il resta délirant
pendant quinze jours. Entretemps, la dame menaça Manga de
la tuer si elle ouvrait la bouche. Elle enferma Manga dans
une cabane et ne lui donna que du pain et de l'eau.

Finalement, le père de Florimond quitta son lit. Rien au
monde ne pouvait le consoler. Il pleurait la perte de son
petit garçon à longueur de journée. Comme Manga était
toujours dans sa prison, son maître ne la voyait pas et par
conséquent ne pensait plus à elle.

Un jour qu'il marchait dans la cour et qu'il regardait de
temps en temps la tombe de son petit garçon, les larmes lui
coulaient des yeux. Perché dans un arbre, Nita était après
chanter une chanson si triste que le pauvre homme en fut
plus affligé que jamais. Il lui semblait que c'était
Florimond qui chantait. S'avançant près de la tombe, il la
contempla pendant longtemps. Tout à coup, le pauvre père
crut rêver. Il vit quelque chose de si curieux que personne
ne l'aurait jamais cru. Mais tant de gens m'ont raconté la
même histoire que je la crois comme je crois au soleil qui
brille.

Lorsque la dame avait enterré le petit garçon, elle n'avait

pas eu le temps de couvrir tout son corps. Une petite main
était restée en dehors de la tombe et un joli petit doigt
remuait comme s'il faisait signe à quelqu'un. Le petit
doigt remuait d'un côté, puis de l'autre, et pour ainsi dire
n'arrêtait pas de faire signe.

Le pauvre père se mit à fouiller la terre avec sa main et
il finit par déterrer le corps. Le corps était aussi frais
que si l'on venait de l'enterrer.

Le père le prit dans ses bras, le porta dans la maison et
le posa sur le lit. Il le frotta si longtemps que l'enfant
se réveilla. Le père envoya quérir le médecin qui se mit à
soigner Florimond, disant qu'il allait vivre, que sa vie
n'était pas en danger, car sa tête n'avait pas l'air d'avoir
été fracassée. L'enfant n'était que dans un état de
léthargie et sa santé reviendrait vite.

En effet, au bout de quelques jours, Florimond était
après jouer comme si rien ne s'était passé. Il ne parla
jamais de l'histoire de sa mère et de l'étranger. Finalement,
la dame permit à Manga de quitter sa prison.

Pleine de remords, la mère de Florimond maigrissait à vue
d'oeil. Un soir, en dépit de tous les soins qu'on lui avait
prodigués, elle mourut. Ses derniers mots furent:

-- Mon Dieu, pardonne-moi.

Elle fut enterrée dans la tombe de son petit garçon.
Quant au pirate, il ne revint jamais. On dit qu'il avait
été pendu.

Après la mort de sa femme, le père de Florimond quitta

l'Afrique. Il vendit la pauvre Manga qui fut mise à bord
d'un navire. C'est ainsi qu'elle devint esclave en Louisiane
et qu'elle me raconta l'histoire du petit doigt.

Fables

Stephen Bernard (1792-1872), originaire de la Rochelle en France, s'engagea dans la marine française et y resta jusqu'en 1823. L'année suivante, il partit pour Boston et éventuellement se rendit à la Nouvelle-Orléans. En 1848 il devint directeur d'un pensionnat à St. Martinville qu'il quitta peu après pour aller enseigner à Shreveport. Revenu à la Nouvelle-Orléans plus tard, il fut nommé directeur d'une école privée de garçons. Il publia de nombreux poèmes dans les journaux français de la Nouvelle-Orléans.

LES DEUX
LAPINS

Près d'un bois d'Epire,

Suivi d'un mâtin,

(Courait.... c'est peu dire)

Volait un lapin.

D'un trou sur la route

Sort un compagnon,

Qui lui dit: Ecoute,

Ami, qu'as-tu donc?

Qui cause ma peine?

Ne le vois-tu pas?

Je suis hors d'haleine....

Un chien suit mes pas.

Je le vois, j'espère!

Mais c'est un limier,

Que tu prends, mon frère,

Pour un lévrier.

Limier, je t'assure,

Comme mon aïeul:

Lévrier, je jure;

Car, moi, j'ai bon oeil.

La peur te dirige,

Répond le premier:

C'est limier, te dis-je.

-- Non, non, lévrier.

Pendant la dispute

Le chien vint près d'eux,

Et dans la minute,

Les mangea tous deux.

Jeunesse volage,

Sans trop caqueter,

De votre bel âge

Sachez profiter.

177

Onésime de Bouchel (1848-1881) naquit dans la
paroisse de Plaquemine, à l'habitation Greenwood,
et fit ses études au Collège des Jésuites. Comme
son père Victor de Bouchel, il s'intéressa aux
belles lettres et écrivit de nombreux vers qui
furent publiés dans Les Comptes rendus de l'Athénée
Louisianais. Il mourut à la Nouvelle-Orléans.

LA LOUVE
ET LA BREBIS

Souvent sans cause ni raison,

Aux autres l'on fait violence;

Et pourtant ce n'est point prudence.

Il vaudrait mieux changer de ton.

Or, retenez cette sentence:

« Ne fais onc au voisin, pas même au plus petit,

Ce que tu ne voudrais qu'à son tour il te fît. »

Une Louve aux besoins de sa progéniture

Pourvoyait avec grand amour;

Et les travaux de chaque jour

N'étaient pas, tant s'en faut, chose facile et sûre.

Notre commerce, maintes fois,

Recevait nombre de blessures,

Sans compter les injures.

Mais ventre à jeun n'a pas de lots.

Agneau, lapin, chevreau, gazelle,

Tout tombait sous sa dent cruelle.

Comme ici-bas tout a sa fin,

Il arriva qu'un jour, riche d'un lourd butin,

Joyeuse, notre Louve arpentait le chemin:

Pour ses petits, quelle excellente aubaine,

Comme ils seront heureux, contents!

D'abord les petits gourmands

Mangeront tout leur soûl, ensuite de la laine

Se feront de bons lits.

Mais quelle fut sa surprise

De ne point trouver ses petits!

Ils sont tous enlevés. A son tour elle est prise

De désespoir, et folle de douleur,

Fait retentir au loin les éclats de sa rage.

Elle accuse les dieux d'un excès de rigueur;

Ses cris troublent le voisinage.

Cependant la Brebis entendant ces propos,

Prit ainsi la parole:

« Je le vois bien, vous trouvez drôle,

Que sans scrupule, l'on vous vole

Vos chers petits louveteaux;

Mais lorsque sans pitié, vous mangiez mes agneaux,

Vous aimiez beaucoup votre rôle:

A vous donc, maintenant, d'être blessée au coeur;

Malheureuse apprenez à plaindre le malheur. »

Charles Chauvin Boisclair Deléry (1815-1880), fils
de Louis Boisclair Deléry et de Marie Corbin Babin,
naquit à l'habitation paternelle dans la paroisse de
St. Charles qu'il quitta à l'âge de 14 ans pour
aller faire ses études à Paris. Après des études
secondaires au Collège Louis-le-Grand, il fit sa
médecine à Paris, puis il revint à la Nouvelle-
Orléans pour y exercer sa profession. Passionné
de polémique et de belles lettres, il écrivit
abondamment pendant les années qui suivirent sur
des sujets qui allaient de la littérature à la
médecine en passant par la politique et les sciences
naturelles. Ecrivain prolifique, connu de Victor
Hugo et d'Alphonse de Lamartine, Charles Deléry
laissa sa marque sur l'histoire littéraire et
politique de la Louisiane.

L'ARBRE
ET LE MAT

Un Arbre dit un jour au Mât:

Combien j'ai sur toi d'avantage!

Je protège de mon ombrage

Et l'homme, et les troupeaux, des ardeurs du climat.

C'est sous mon dôme vert qu'on danse, qu'on se fête;

Et c'est là que l'oiseau, plein de joie et d'amour,

Court saluer l'aurore; à son tour, le poète

Y vient pour respirer ses chants de troubadour.

Mais, toi, pauvre bois mort, inutile cadavre,

On te voit, languissant dans ton oisiveté,

Tendre au ciel ton front chauve, et pourrir dans un havre,

Pour être, par les vers, plus tard, déchiqueté.

Mais aussi, quelle idée eus-tu jamais, mon frère

De troquer nos jardins contre ce cimetière?

Quel profit tires-tu d'un choix aussi mauvais?

181

Je suis <u>self</u> <u>made</u> <u>man</u>, moi, comme dit l'Anglais.

Or, pendant qu'à l'envi le monde me recherche,

On te laisse à l'écart, ma pauvre grande perche!

-- Très bien dit, mon cousin, car nous sommes cousins,

Non frères, s'il vous plaît: La famille des pins,

Par sa taille élancée, et sa haute stature,

A l'honneur de fournir aux vaisseaux leur mâture.

D'ailleurs, qu'il t'en souvienne, ainsi que toi je fus

Un arbre; il est très vrai que tes rameaux touffus

Abritent quelquefois des moutons, ou des vaches,

Quelques grands fainéants, des troubadours ganaches.

Le beau mérite! Un drap pourrait en faire autant

Pour peu qu'on le déplie et qu'on le tende au vent.

Mais moi, morbleu, mon cher, je suis un autre sire.

Je n'abrite, il est vrai, moutons ni troubadours;

Mais je fais, sur les flots, voltiger ce navire;

Sur place il pourrirait sans mon puissant concours.

Tu me crois un oisif! J'admire ta faconde;

Sais-tu bien que trois fois j'ai fait le tour du monde?

Les hommes vont à toi; je vais au-devant d'eux:

Qui donc, tout bien pesé, les sert mieux de nous deux?

De la vague en fureur je nargue la colère;

Mon front armé d'acier repousse le tonnerre.

Des humains, chaque jour, je porte les destins;

Que deviendraient, sans moi, tous ces pauvres marins?

Grâce à moi, ce navire, aux lointaines contrées

Porte des voyageurs, et toutes ces denrées,

Qui vont alimenter des peuples affamés;

A peine entrés au port, nous sommes acclamés.

Au profit des humains, j'affronte les tempêtes;

En somme, moi, je vis, lorsque, toi, tu végètes.

Avant donc sur mon sort de geindre et de gémir,

Va, crois-moi, cher cousin, te faire dégrossir.

LA GUEPE
ET L'ABEILLE

La Guêpe, un jour, rencontrant une Abeille,

Lui dit: Ma soeur, mais c'est vraiment merveille

Qu'on taise mon mérite et qu'on prône le tien!

Nous avons le même air et le même maintien:

Ailes et dards, tout est même nature.

Oui, tout, lui dit l'Abeille, excepté la piqûre.

Dans celle que je fais, pour calmer la douleur

Je verse un peu de miel... tu n'es donc pas ma soeur!

Edgar Grima (1847-?), descendant d'une vieille
famille créole, naquit à la Nouvelle-Orléans le
14 octobre. Il fit ses études à l'Académie
Jefferson à la Nouvelle-Orléans, et obtint en 1869
une charge de notaire. Après des études de droit,
il fut admis au barreau en 1888. Amateur de poésie,
il passait ses loisirs à composer des poèmes dont
la plupart furent publiés dans Les Comptes rendus
de l'Athénée Louisianais.

LA CIGALE
ET LA FOURMI

Quittant le toit champêtre,

La Cigale, un été,

Dans la grande cité

En garni vint se mettre.

Son nouveau logement

Ne fut qu'un trou bien sombre,

Flanqué sinistrement

En haut d'un vieux décombre.

Là n'était nuit et jour

Que tristesse éternelle.

Aucune ritournelle,

Pas un seul chant d'amour;

Et la belle nature

Dépouillait sur le seuil,

Sa robe de verdure

Pour un manteau de deuil.

La nouvelle arrivée

Trouva qu'en sa maison

Tout manquait d'horizon.

Et, dans sa chambre nue,

Le moindre frôlement

De son aile fragile

Disait amèrement:

« Que viens-tu faire en ville? »

Dame Cigale avait

Une grande famille.

Les petits, ça fourmille,

Comme chacun le sait.

Pour le coeur d'une mère

Qui ne veut que leur bien,

C'est besogne légère

Que veiller sur eux bien.

Mais la dame frivole

S'ennuyait au logis,

Et malgré leurs hauts cris

Voilà qu'elle s'envole,

Entonnant follement
Un gai refrain de fête,
Fuyant éperdument
Petits et maisonnette.

Elle n'a plus qu'un soin:
Que son aile argentée,
Au soleil agitée,
L'emmène loin, bien loin,
Dans la salle brillante
Où n'entrent pas les pleurs,
Où chacun danse et chante
Et se pare de fleurs.

Elle veut dans l'ivresse
D'une folle gaîté,
Chanter sa liberté,
Oublier la tristesse;
Et dans l'entraînement
Du bonheur qui la grise,
Dépenser largement.
Qu'importe après, la bise?

Elle en avait assez
De son rôle de mère
Et ne songe plus guère
Aux petits délaissés,
Qui, dans le vieux décombre,

Loin des bois embaumés,
Dans leur chambrette sombre
Sont peut-être affamés.

Bientôt avec l'automne
Vint la rude saison
Qui n'a d'autre chanson
Que le cri monotone
Du grillon au foyer,
Où la bûche allumée
Se plaît à pétiller,
S'en allant en fumée.

Dame Cigale alors
Sentant frémir son aile,
Tente une ritournelle.
Mais hélas! Vains efforts!
L'aile ne sait plus battre.
Inerte sur le sol
Elle vient de s'abattre;
Plus de chant, plus de vol.

Mais, dans le vieux décombre,

Travaillant tout l'été

Quand l'autre avait chanté,

Prévoyant le jour sombre

La Fourmi pour demain,

Entassait dans ses caves,

Des petits morts de faim

Les dernières épaves.

Cette fable s'adresse à vous,

O mères de famille, époux,

Frères, que le plaisir entraîne:

Qui trop souvent, brisant la chaîne,

Oubliez le foyer sacré,

Pour semer vos écus au gré

De vos goûts, de votre caprice.

Est-il bien grand le sacrifice

Que vous impose le devoir?

Non. — Rien qu'un peu de bon vouloir.

De cette fable écoutez la morale

Toute sage vraiment

En son enseignement:

« Ne faites pas ce que fait la Cigale.»

Pamphile Le May (1837-1918) consacra sa vie à la
littérature et surtout à la poésie. Influencé
par l'oeuvre d'Alphonse de Lamartine et de Jean
de La Fontaine, il fit des contributions à
plusieurs genres. Ses sujets sont empruntés à
la Bible, à l'histoire et à la vie quotidienne.
Malgré quelques faiblesses dans l'expression, sa
poésie ne manque pas d'une certaine sincérité. En
1867, deux de ses poèmes furent couronnés au
concours de l'Université Laval.

LA CIGALE
ET LA FOURMI

La Cigale est railleuse

Et se plaît à chanter,

La Fourmi, travailleuse,

N'aime pas plaisanter;

Elle est peu charitable

Et d'humeur intraitable.

La Fontaine l'a dit,

Et puis, s'il a médit,

L'illustre fabuliste,

C'est qu'il connaissait bien

La petite égoïste.

Travailler ne vaut rien

Si vous n'avez point d'ordre

Ou de noble dessein,

Si vous vous laissez mordre

Par l'amour d'un vil gain.

Chanter vaut quelque chose

Si l'on chante à propos:

Un chant qui nous repose

Et nous rend plus dispos.

C'est pourquoi la Cigale,

Dans la belle saison,

Eut mille fois raison

De chanter, au scandale

De dame la Fourmi.

C'est vrai qu'elle a gémi

Quand a soufflé la bise,

Mais il faut qu'on le dise,

C'est grâce, assurément,

Au mauvais sentiment

De la fourmi gorgée,

Ce que l'on ne sait pas, c'est qu'elle s'est vengée

En Cigale de coeur;

Lisez, me voici chroniqueur.

Les Cigales, prudentes,

Font entendre leurs voix stridentes

Dans les beaux jours d'été, quand les vives chaleurs

Rayonnent dans les airs et sur les champs en fleurs.

C'est toujours le beau temps que leurs chants nous annoncent;

L'homme et l'insecte, alors, se hâtent au labeur.

Mais quand se tait leur voix tous les sourcils se froncent

Et tout nuage nous fait peur.

Quand la chaude saison fut enfin revenue,

La Cigale méconnue

Se cacha, sur un arbre épais,

Tout près de la Fourmi qui travaillait en paix,

Puis, au lieu de chanter quand un soleil superbe

De ses rayons

Dans les sillons

Plongeait l'étincelante garbe,

Elle chanta sous le ciel noir

A l'approche de l'orage.

Toujours trompée en son espoir,

La Fourmi ne fit point d'ouvrage;

Et lorsque l'hiver arriva,

Bien rapide,

Son grenier se trouva

Presque vide,

Et ce fut à son tour, alors, de mendier.

Elle frappa chez sa voisine,

Où l'on faisait bonne cuisine,

Et se mit à psalmodier

Avec beaucoup de modestie,

Pour attirer la sympathie,

L'histoire de sa pauvreté.

-- Votre sort ne fut point, sans doute, mérité?

Dit, d'une voix bénigne,

La Cigale maligne

Que la Fourmi ne reconnaissait pas.

-- Si j'avais moins donné, reprit la mendiante,

Vous ne me verriez point, honteuse et suppliante,

De porte en porte ainsi traîner mes pas.

-- Je vous crois bien, et je badine:

Mais venez; c'est l'heure où je dîne,

Et le dîner est servi.

Or, la table était magnifique,

Le dîner fut suivi

De chant et de musique.

La Fourmi cependant voulut prendre congé.

-- Pas du tout, dit l'hôtesse:

J'en aurais bien de la tristesse:

Je vous garde avec moi, c'est un plan arrangé,

Jusqu'à ce que l'hiver avec son froid cortège

Soit loin de nous, jusqu'à ce que vienne l'été.

-- Qu'ai-je fait pour qu'ainsi ta pitié me protège,

Et comment reconnaître enfin tant de bonté?

-- Sur la prairie

Toute fleurie

      Si la Cigale chante encor

Pour vous prédire un ciel longtemps d'azur et d'or,

Et que, venu l'hiver, elle quête une graine

Qu'elle aura, la pauvrette, oublié d'amasser,

      Ah! Ne vous montrez plus vilaine

      Et ne l'envoyez pas danser!

      * * *

      Le premier imbécile

Fait le mal pour le mal et s'en vante, on le sait;

Mais une autre vengeance autrement difficile,

C'est de faire du bien à celui qui nous hait.

Le Père Joseph Maltrait (?-?), né en France, fut
curé de Kaplan dans la paroisse de Vermillon pendant
vingt-cinq ans. Durant ce séjour en Louisiane, il
publia des articles ainsi que des vers didactiques
dans Les Comptes rendus de l'Athénée Louisianais.
Il repartit éventuellement en France pour y finir
ses jours.

LA CHATTE ET
LES CHATONS

Enfants, écoutez l'histoire

D'une chatte blanche et noire.

Elle avait trois chatons

Bien lutins, bien mignons,

Sous un buffet, dans un coin de la salle;

L'un gris, le second rouge, et le troisième noir.

La bonne mère, un soir,

Leur fit cette morale:

« Mes petits chats-chats,

Je vous fais défense

De griffer les petits rats-rats.

Je sais qu'autrefois notre engeance,

A coups de patte, à coups de dent,

Les taquina.... Mais à présent

La guerre est finie.

Plus de combats!

La nation des Souris et des Rats

Désormais sera notre amie.

Ne versons plus le sang; cet acte criminel

Serait à l'avenir un gros péché mortel. »

A peine la chatte

Achevait ce discours, qu'un petit rat passa

Tout auprès du buffet. « Qu'est-ce que c'est que ça? »

Dit-elle, en lui lançant la patte.

« Je le tiens, mes chatons! croquez! régalez-vous!

N'allons pas nous priver pour messieurs les Hiboux

D'une si bonne prise. »

Ils croquèrent le rat, et s'en trouvèrent bien.

Puis, quand il ne resta plus rien,

Le petit chat qui portait robe grise

S'écria, bouillant d'indignation:

« La vilaine action

Que nous venons de faire. »

« Sans doute, cela n'est pas beau, »

Dit doucement la mère;

« C'est une erreur; j'ai pris ce rat pour un oiseau. »

Hélas! faut-il bien qu'on le dise?

Souvent l'homme ainsi moralise.

Il moralise avant, il moralise après,

Et se trompant lui-même avec beaucoup de ruse,

Il agit au plus mal et se forge une excuse.

Il peut dire toujours: « Je n'ai pas fait exprès. »

LES NEZ

J'ai lu, je ne sais où, qu'un brave Européen

Ayant perdu le nez dans une guerre,

    Chercha le moyen

    De s'en faire faire

    Un postiche, en bois!

On en fabriqua pour lui plus de mille.

Le plus beau qu'il choisit, fut l'oeuvre d'un Chinois

    Menuisier fort habile.

L'Européen trouva ce nez si bien tourné

    Et si bien proportionné,

Qu'il le préféra même à son nez véritable,

Qui, trop lancé, dit-on, l'empêchait d'être beau;

    Tandis qu'avec son nez nouveau,

Il se trouva soudain d'un visage adorable.

Reconnaissant, il donne au Chinois cent sous d'or.

Le Fils du Ciel se dit: « Puisque cela rapporte,

    Il faut en faire encor;

    Si tous sont payés de la sorte,

    Je serai riche en peu de temps.

Commençons! » Manoeuvrant le tour après la hache,

A fabriquer des nez le voilà qui s'attache.

    En deux jours il en fit trois cents;

Et quand, au bout de deux années,

Il eut en stock dans sa maison

Cent mille pifs, valant un monceau de guinées.

Il partit pour l'Europe avec sa cargaison.

A peine débarqué sur le gascon rivage,

Il se mit en devoir

D'étaler son ouvrage.

Bien vite il dut s'apercevoir

De sa bévue! Il vit que dame la Nature

Ici comme là-bas, mit sur chaque figure

Un nez! Ce petit ornement

Qui ne manque pas d'agrément

Quand il est bien moulé, de couleur blanche et rose.

Le mien m'a l'air un peu commun;

Mais tel quel, j'en suis fier! Car c'est si belle chose

D'en avoir un!

Ces nez-ci sont trop courts, ceux-là manquent de pente.

Tant pis! Tant mieux! Du sien que chacun se contente.

Devant les nez de bois, les Gascons, étonnés,

Pouffèrent de rire.

L'un même au céleste osa dire:

« Prends garde de manquer de nez! »

LE MELON

« Souvent notre méchanceté

N'est, tout bien compté,

Qu'une erreur grossière. »

Démontrons cette vérité:

Un créole avait une melonière

Si belle et riche en fruits, que messieurs ses cochons

N'étaient nourris que de melons.

En faisant un matin sa tournée ordinaire,

Il remarqua par terre

Quelques morceaux d'écorce et des traces de pas.

Le voilà dans tous ses états,

Qui s'écrie: « Il faut qu'il périsse

Le criminel qui vient, au mépris de la loi,

Me faire l'injustice

D'entrer la nuit chez moi

Pour gaspiller mon bien! » Alors, suivant l'usage,

Il soupçonna quelqu'un du voisinage:

« C'est ce nègre et ses négrillons, »

Dit-il, « qui mangent mes melons! »

Et n'écoutant que sa colère,

Il court de céans chez l'apothicaire

Acheter du poison;

(C'était, je crois, de la strichnine,)

Dont il pique un melon

De fort belle mine.

Puis, il se retire en disant:

« Mon gourmand de noiraud peut venir à présent:

Je lui promets la plus belle colique. »

Le voleur vint. Sur lui, le poison fut très fort;

Le faiseur de melons au jour le trouva mort.

C'était son fils unique!

Paul Palvadeau (?-?) est un auteur louisianais peu connu du dix-neuvième siècle qui s'intéressa surtout à la poésie. Ses quelques poèmes, tels que « Les Deux Tableaux » et « Imité de l'Espagnol, » furent publiés en 1885 dans Les Comptes rendus de l'Athénée Louisianais.

LE CHENE
ET SA MOUSSE

Un enfant, au pied d'un gros chêne

Dont la barbe flottante environnait le tronc,

Dit à son père:-- Pourquoi donc

Cet arbre a-t-il cette vilaine

Laine?--

Son papa répondit, pour le tirer de peine:

-- C'est par un sol humide et chargé de vapeurs,

Vois-tu, mon fils, que cette mousse

Pousse.

Il n'en vient point sur les hauteurs.--

*   *   *   *

Ainsi la basse Envie acharnée au Mérite,

Toujours s'y cramponnant, cherche à l'embarrasser,

Le rabaisser,

Le terrasser.

Souvent l'arbre grandit malgré son parasite.

205

LES DEUX
TABLEAUX

Pour un concours fameux, un peintre de mérite

Venait d'achever un tableau

Qu'il exposait; parmi tous on le cite

Pour être même le plus beau.

Le sujet n'était point nouveau,

Mais il plaisait: C'était une déesse

Aux traits francs, humbles, doux, et d'exquise finesse.

En un mot:-- La Simplicité.

« Ah! S'écrie un passant, quelle idée ingénue!

La Simplicité toute nue,

C'est admirable en vérité!

Si pourtant, par pudeur, l'artiste l'avait mise

Dans une modeste chemise,

Sous ce voile plus chaste attirant moins les yeux,

Ce me semble, elle eût été mieux. »

Il dit, et l'artiste l'écoute,

Prépare une autre toile, apporte ses pinceaux:

« D'essayer, dit-il, rien ne coûte;

Les gens entêtés sont des sots. »

Un ami vient le voir:-- « Quel drôle de costume!

Crois-tu? Comme on va rire! Il est peu de coutume

Qu'une femme en chemise ose se hasarder

En plein public. » -- Sous une robe noire

Le costume indécent disparut sans tarder.

Oui, mais voici nouvelle histoire.

Vient un voisin: « Oh! Du premier coup d'oeil,

Quel contraste frappant! Ces pieds blancs comme ivoire

Avec cette robe de deuil?

Songez-y bien, c'est funeste présage,

Changez donc tout cela! Puis, ce muet visage

Sous ces bandeaux ne semble point flatté;

Eh! Relevez ce front, qu'il dise davantage:

« Mon nom est--La Simplicité. »

Ainsi fut fait.-- Cette fois il arrive

Un autre ami.-- « Mon vieux, veux-tu savoir

Ce qu'en entrant, je viens de voir?

Vraiment! Sous ces cheveux flottant à la dérive,

Sous ce rôle timide et ce regard perçant,

Ce petit air langoureux, agaçant,

Je devine la courtisane

Aux attraits merveilleux pour charmer le passant. »

L'artiste alors se courrouçant:

« J'en veux, » dit-il, « faire une paysanne. »

Il tint bientôt promesse, et se mit avec soin

A peindre un beau site champêtre,

Des collines ici, du feuillage plus loin,

Une ferme, un troupeau, là des meules de foin,

Puis un berger qui, sous l'ombre d'un hêtre

Charmait tout le vallon du son de ses pipeaux.

Il eut par le fait deux tableaux:

Le dernier fut placé près de son congénère,

Le grand prix fut pour eux: Ils l'avaient mérité,

L'un, sous le titre: -- Une Bergère;

Et l'autre: -- La Simplicité.

* * *

Ne méprisez les conseils de personne.

Soyez maître en votre art; Mais faites bon accueil

Aux enseignements qu'on vous donne.

La vrai talent n'a point d'orgueil.

Fables et vers en patois créole

LA COLOMBE
ET LA FOURMI

Ain jou, ain ti mamzel yé té pélé Colombe

Tapé promnain tout sel, côté bayou, dans l'ombe,

Là-bas en bas gros n'harbe, quand li oi dans do l'eau

Ain pauv piti fourmi, dibout, en hau ain copeau,

Et qui tapé débat pou sauver so la peau.

Colombe fait li signe, et di li tende, pas per....

Et cher ti mange la halé fourmi à ter.

Et ti fourmi, pauv djab, cou brassé so geounoux

Et pis, di li comme ça: Mamzel mo lainmain vous;

Ma rende vous ça ain jou, comme Bon Djé tendé moin,

Et mo va prende mo coeur pou jige et pou témoin.

Et ça rivé comme li té dit. Colombe, ain jour,

En haut ain n'harbe dans bois tapé jonglé l'amour:

Et jiss quand li tapé chanter « chacaine so tour,»

Ain homme qui té la chasse, qui té fou bin fourmis,

Vizé mamzel Colombe, mais qui vous cré, zamis?

Même ti fourmi la qué Colombe té sauvé,

Piqué talon n'homme la et ça fait li graté,

Li largué so fisi et li roulé par terre:

Tout so tracas rivé sans li connain cofaire;

Et ti fourmi la dit: « Couri, mo ti zozo....

Ga li, ga li la-bas: li manqué so gombo. »

« Merci, » Colombe la dit, « malé volé dans bois,

Mais avant mo parti, vini, molé bo toi. »

   Edgar Grima

213

LE LOUP
ET LA CIGOGNE

Michié Loup-gros-gavion li si content bafré

Qui li jamain gardé ça qui lapé mangé

Et le valé si tant gros bef avec zognon,

Qu'ain jour ain gros dézo croché dans so gavion.

Li té olé hélé mais li té pas capab.

Li commencé débat et li té per comme djab.

Alorse li prend so pate pou li fait signe Docter.

Et ça Docter la fait faut mo dit vous aster:

Docter la galopé (c'était ain vié zozo

Té té pélé Cigogne) pou halé so dézo;

Et li fouré so bec où dézo rété,

Et sauvé la vie Loup comme ain bête qui li té.

Va oir cofaire et va conain comment Docters

Qui cou traité tout moun trompé dans yé zaffaires:

Pou ça li fait, gouloupia la té bien content

Mais quand Docter Cigogne té mandé li l'argent

Pou grand service li té baye li, coquin la dit:

« Ga, couri to chimin, zozo pate longue, couri,

To capab dit merci Bon Djé to sauvé to la tête, »

Et pauv Docter Cigogne couri comme ain vié bête.

Edgar Grima

Jules Choppin (1830-1914), né dans la paroisse de
St. Jacques en Louisiane de parents français, fit
ses études à Georgetown College à Washington. Une
fois ses études terminées, il resta à Georgetown
pour y enseigner le grec et le latin. De retour à
la Nouvelle-Orléans, il enseigna à l'Université
Tulane et dans des écoles privées. Auteur d'un
certain nombre de fables et de poèmes publiés dans
Les Comptes rendus de l'Athénée Louisianais, il est
connu surtout pour ses vers en patois créole.

CIGALE
E FROUMIS

Madame Cigale tout temps olé chanter

    Et boire à la santé

Li pas jonglé l'hiver.... li bien fou bin.

Pan ga, Cigale, ta manqué to di pain.

Ain jour, li cou côté mamselle fourmi:

    Li bordé li; et dit li: ≪ mon amie,

Baye moin, si ou plait, ain pai di pain,

    Ma rende vous li dainmain matin. ≫

Pas d'ça, minette, mo pas prêté di pain:

Yé di: ≪ rende moun service baye moun chagrin, ≫

    Et pis, to trop lainmain chanter;

    Faut to travaille ain pé....

    Couri,... to trop fronté.

Si to travaille, quand gros l'hiver vini

Ta va gaingnain comme moin, fourmi,

217

Di pain l'hiver, di pain l'été.

Quittez metchié chanter

Ça très mauvais pour la santé.

LE CHENE
ET
LE ROSEAU

Ain jour gros Chêne dit ti Roseau:
To plis piti qu'ain ti zozo,
Ain ti di vent, pas plis, ma chère
Capab d'ain cou fou toi par terre.

To bien hardi, gros n'harbe cochon,
To gros, mais faib comme ain mouton,
Attende di vent, ta oir, ma chère,
Qui moun qui va coucher par terre.

Di vent vini, di vent soufflé,
Et tout d'ain coup li rédoublé;

    Tchombo, roseau!...

    Roseau tchombo,

    Mais pour gros chêne

    Qui dans la plaine

    So feilles parti

    Li tout-tout ni.

MORALE

Pas fait gros vente, ain jour ta vini plat;
Gros papa lion ça peur ain ti dérat.

LE LOUP
ET
LE CHIEN

Ain jour gros papa chien contré pauv michié Loup

Plat comme ain pinaise et maig comme ain déclou,

A force gros chien layé ta pé guetté partout.

« Gros Boule, » dit li; « to sot, sorti dans bois,

Suive moin, to va content comme ain lé roi. »

Loup mandé Boule: « qui ça ma gain pou fait? »

« A rien... manger, bafrer, boire café,

Et guetter moun qu'a pé vini voler.

Mo mait li bon, li va donne toi la crême,

Pâtés pigeons, saucisses Jérisalem.

Vini, to oir, vié mait va lainmain toi.

Ta fait comme moin, et ta blié dans bois. »

Yé tous les dés parti; mais, tout d'ain coup,

Avant yé té rendi dans grand la cou,

Michié vente plat té oir la marque collier

Quand yé fermain gros Boule dans poulailler.

« Hey, ga, qui ça ça yé? to cou corché, »

Vié Loup dit Boule quand yé ta pé marcher.

« A rien. » « Comment a rien? » « C'est no zaffaire. »

« Quand même, dis-moin, molé connain cofaire. »

« Ça to oir là, c'ain ti la marque collier

Quand mo mait maré moin les soirs pou mo boyer. »

« Qui ça? yé maré toi? ah bin michié le roi,

Ma pé dit vous adjé, ma pé fou camp dans bois.

Mo lainmain mié la Liberté,

Qui to la crême et to pâte. ❯

ENTRETIEN SUR
LES 12 MOIS
DE L'ANNEE

Par un vieux nègre
St. Jacquois nommé
Pa Guitin

Janvier

Pan ga, vié moun, panga; vance´ côté di fé;

Fait fret dýor, entrez, et vini boi café;

La plie apé tombé en'aut bêtes qui dans savane,

Nous autres, merci Bon Djé, nour gaingnain bon cabane.

Vini, piti, sorti dans fret... tendé di vent...

Vitement! -- Gagaye, mo fi, cou pélé to mouman,

Di li vini tout souit, li temps pou nous dormis;

Di li, li pé rété trop tard chez so zamis.

Napé couri dans clos avant soleil lévé;

Faut no couri dans fret quand même no doite crévé,

Nalé coupé di cane, nalé mangé sirop,

Vié neg l'habitation ça janmain gaingnain trop.

« Mangé, piti, mangé » (vié mait coutime di ça,)

« Jordi ta va gaingnain, dainmain ta gaingnain pas. »

Di gri avec sirop, c'est ça tout moun l'ainmain:

Mangé piti, et pis dormis jisqu'à dainmain,

Quand jou vini, dibout, comme si c'était l'été,

223

Si dormi trompé toi ta tendé fouet pété.

Février

Mo tendé dit qui mois-ci là li pas bâtard,

Et qué ça bon oi feilles printemps bien en retard,

Pasqué quand ti bourgeons yé, sorti trop bonne her

Fret là capab tchoué yé et jété yé par ter.

Dommage yé pas capab après yé tous sortis,

Rentré, si fret vini, comme ti la tête tortis.

-- C'est temps pou découvri matelas, planté di cane;

Yé dit l'hiver fini quand to oi feilles pacane,

Mais si la grêle tombé, adjé prinier, adjé pêché!...

-- Et pis, bam-by, li temps négrillons cou péché:

Yé cou trapé cribisse, barbi et patassa,

Et yé mouman fait bisque et tout moun l'ainmain ça.

Bam-by l'allé fait chaud: mo l'ainmain la chaler

Pasqué mo disang fret. Jène moun vaut mié l'hiver.

Et c'est bon temps aussi pou no mette poule couvé

Et trapé nique zozo quand no capab trouvé.

Yé dit mois-là plis courte, mo pas conain cofaire,

Mo bien fou bin, ≪ no how ≫ et c'est pas mo zaffaire.

Aster nalé tende Mars, et ma conté vous ça;

Ma dit tout ça faut dit, comme mo fait mois-ci là.

Mars

Tendé di vent, ma chère, mais c'est pas zouragan;
Quite li soufflé, pas per, c'est bon di vent printemps.
Coutez vié chatte léyé qu'apé pélé matou,
Ga zess piti zozo qu'apé fait nique partout.
Yapé sauté, dansé, pou yé fait plein piti,
Dipis gros l'éléphant jisqu'à ti ouistiti.
Ti posson dans bayou, grounouille, cribisse et crab,
Apé dansé partout et yé content comme djab.
Ti feilles apé poussé, bam-by ta oi yé flers,
Ça ti mamzel porté pou yé trapé to coeur.
Li temps oou nous planté calbasse au ras cabane,
Pou yé donne nous la fraîche en bas yé gros laliane.
Cou dansé Calinda, chantez, tout moun content
Sirtout piti négresse dans yé ti robe printemps.
Hé Djé! dans temps mo temps mo té fait yé l'amour
Aster mo chivé blanc; mo dit: chacaine so tour,
Mo té coutime dansé avec ti filles layé:
Quand mo rivé dans bal tous neg léyé paillé....
Mais tout ça, ça fini: mo faim, malé péché
Chévrette en bas l'écor: -- y faut mo dépéché,
Et mo pas gaingnain temps jordi pou casse-birgot,
Pasqué y faut mo là quand ya soufflé ≪ birgot.≫ --

Avril

O! rose du printemps qui fleuris sur les joues,

Qui ça n'homme-là pé dit? coutez... mo cré li fou.

Toi dont le doux parfum embaume notre vie,

Pas rété côté li, couri piti, couri....

Emblême de beauté, d'amour et de délices,

Contez, mo cré lapé dit quichose pou cribisses.

Je te revois encore, étoile de la terre,

Attende... pététe li faim... o pététe li colère.

Rosa, ton coloris prête un charme divin,

Mo cré li soif aussi, lapé parlé di vin.

Au front de la beauté, sur la joue de l'enfant,

Li sembe lapé crié... mo sir li pas content,

Tu règnes triomphante, ô reine des amours,

La pé jonglé so ‹ gal › lalé chanter: ‹ toujours,
    toujours, ›

Toujours pour ta beauté tout mon amour éclate!

Jiss comme ti mait chanté, quand li sorti théiat,

Mais mo per li, malé, mo pas l'ainmain n'homme fou;

Malé dans mo cabane... mo pas dans compte voudou.

Mai

Salouez, salouez, tout moun, nous autes dans mois la
    Vierge
Piti, couri l'église, couri limain vo cierge!...
Chantez cantique, chantez pou bon mouman Bon Djé,
Couri et bo so pied quand va di li adjé.
Quand mo té jène, no té si tant lainmain l'église
Qué mo té chapé là quéquefois dans mo chimise,
Et mo té porté flers, tout nespèce flers dans bois,
Et pis mo té toujou content comme ain lé roi.
-- C'est mois où ti zozo dja ponde yé ti dezef,
Où yé planté maïs pou milets, choual et bef,
Où souche l'année passée commencé marqué rang;
C'est mois-là qué tout moun et tout quichose content.
Dezefs apé béqueté dans n'arbe, dans poulaillé.
Chapons mainnain poulets comme poule, vini oi yé.
Mais panga flève, gros flève, quand li parti gonflé
Yé tendé li roulé comme moun qu'apé ronflé,
Si li cassé lalvée, adjé maïs, adjé di cane,
Adjé fossé, barrière, jardin et pis cabane!
Tous zanimaux néyé, et mo ti mait fou camp....
La révini ain jou, mais Bon Djé conain quand.

Juin

Hey, nos zamis! fait chaud et tout moun allé soué,
Et c'est jiss en bas n'arbe qué ti moun capab joué.
Vié neg dans rang di cane apé tournain la terre
Avec yé la charrie, mais... phn!... yé pi la souère,
Quand yé sorti du bout yé rang, là-bas dans clos,
Yé tombé press par terre, pauv djab, à force yé chaud.
Longtemps quand mo té jène mo té content biché,
Et mo té fort comme d'jab pasqué mo té gauché,
C'est vrai: moun qui gauché toujours plis fort, yé dit.
Aster mapé posé, malé fermain mo jié,
Assise dans mo cabane, tout sel, pasqué mo vié.
-- Des figues apé vini et ti zoranges aussi,
Raisins apé grimpé, grénades apé grossi,
Des oies, canards dans gros bayou pé barboté,
Poule apé ponde partout et coq apé chanté,
Et vive l'été, mo dit, malgré fait chaud comme djab,
L'été to capab prend la fraîche en bas ain n'arbe,
Mais quand di vend l'hiver soufflé en bas la porte
Tout moun parti colère et dit li ❬ djab t'emporte. ❭

Juillet

Yapé fait chaud toujour: la souère apé coulé;
Tchombo! vo pas capab gaingnain tout ça voulé.
Soleil apé dardé; -- panga la fiève, piti,
Faut pas couri ni tête, hormis to lé mouri.
La vache et pis mouton apé posé dans l'ombe
Et négue apé sorti dans clos avec colome,
Et quand lé soir vini yé fait plein la boucane
Pou tchoué tout maringoins qui entré dans cabane.
-- Mo oir ain tí dépéche qui dja tournain tout rose:
Li sembe ain ti mamzel, faut mo dit li quichose:...
Mo té parlé comme ça dans temps qué mo té jène,
Quand mo sauté barrière dans verger mo nainnaine...
C'était toujou les soirs mo té volé des prines,
Yé té toujou semblé meyer au clair dé line.
-- Ain en maïs, ain en léguimes tout mois-ci là:
La mrise, des glannes, piti pacanes et graines lilas,
Gros giromon dans clos pou cochons, vaches et moun
Et c'est bon temps lé soir pou couri trapé coon.
C'est temps la blette aussi qui vini volé poule.
Malé dit vous: ain jour au soir mo pélé « Boule, »
Gros chien mo mait, ain chien qui té janmain japé,...
Mais ça trop longue pou dit vous ça... vaut mié mo paix.

Août

Tonnerre grondé, la plie tombé, crapeau crié,
Ç'ain vié chanson tout moun conain... tout moun qui vié.
Pas per tonnerre, piti, to conain Bon Djé bon,
Pas per, fais signe la croix, et mandé li pardon.
C'est mois-ci là qui plis terrib pou zouragans,
Li cassé tout qui commencé dans mois printemps.
Di vent là soucouyé l'église et pis cabane;
Li fou bin tout qui chose, li fait la grêle pacane
Longtemps avant yé mirs; li cassé branches dans n'arbe,
Li capoté gros chêne et raché so la barbe.
Barrière, pauv vié barrière, yé plate au ras chimin,
Tous zanimaux dans clos, adjé di cane dainmain;
Yé couché plate yé même, et la récolte perdi!...
Vié mait fait moin la peine quand mo oi li jordi.
Ça qui tchoué moin, c'est moun la ville, yé tous fou bin;
Yé tous blié qui c'est nous autes qu'apé donne yé di pain.
Bon Djé va pini yé; yalé marré yé vente;...
Avant longtemps ya oi yé la maison en vente.
Tout moun conain qué c'est di sique et pis coton
Qui fait yé vive;... yé mérité des coup d'bâton.
Merci Bon Djé, mo mait c'est n'homme, li pas perdi courage,
Li vié c'est vrai, mais li fou bin so l'âge;

Jou la pété so fouet, la oi tout moun dans champ,
Jisqu'à ti négrillons allé sorti dans camp.

Septembre

Le temps pou fait di foin, li temps halé di bois.
Que dit ce pauvre noir dans son affreux patois?
N'homme là semblé comme si li tolé fout dé moin.
Il a parlé, je crois, du temps, de bois, de foin.
Panga li parlé moin, o ma fou li par terre.
Sa voix a retenti de rage et de colère.
Où djab n'homme là sorti? et qui ça lapé dit?
Dans sa colère immense, ah! m'aurait-il maudit?
Y faut mo parlé li pou conain ça li olé.
Et de le voir ainsi mon âme est désolée.
Bon Djé qui ça ça yé? malé séyé chapé,
Quelque esprit infernal, hélas, l'aura frappé....
Mais non, faut mo vancé, mais, pas vancé trop proche.
Peut-il, sur moi, passant, me lancer un reproche?
Malé dit vous la vérité: mo per n'homme là....
Pourquoi me craindrait-il? Il semble fuir... holà....
Pardon, michié, mais mo pressé,... malé dans clos.
Il part, je reste seul; il me tourne le dos.
Quitté mo galopé; piti, cou côté vo mouman.

Il ne connaît ce noir, ni souci, ni tourment.

Si mo té pas per li, mo srait donne li gombo.

Hélas, mourir ainsi qu'il serait doux et beau!

Mo té conain li fou... lapé parlé pou bo.

A l'ombre su Sachem dormir dans un tombeau.

Qui... moin bo so ladgeole? adjé, malé dans clos.

Octobre

Hé Djé mo même, tendé pacane apé tombé!...

Dans la nouit là mo mait le révini la baie:

Nalé parti roulé... di cane en bas la rampe....

Tout quichose prête, à soir, nalé limain la lampe.

Va tendé neg chanté, tout moun apé rimain,

Va oi sirop dans bac et caramel dainmain.

Gros centrifige allé roufler, vié mait content,

Lapé allé, vini, comme dans temps so jène temps.

A soir malé fait quart; -- mo mait dit mo trop vié,

Mais mo gaya comme vous, vié mait, merci Bon Dié.

Couteau di cane apé clairé, yan pis la pioche,

La pioche apé posé, mais la main pas dans poche.

Tout moun apé grouillé: milet, choual et charrette,

Pasqué la roulaison pou neg c'est ain grand fête.

Vaut mié travail l'hiver, l'hiver pas fait moun soué,

Et quand moulin rété, no cou la chasse chaoué; --
Et dans cabane ça bon assise côté di fé
Avec tous nos pitis quand napé boi café.
C'est bon temps pou roulé et bon temps pou planté:
Yé dit plant mois-ci là vaut mié que plant l'été;
Oui, mo toujou oi ça, plan là janmain gâté. --

Novembre

Mo mait li dja voyé boucauts di sique la ville,
Et si mo pas trompé li dja voyé cent mille!...
Di jis là coulé dri et rempli bac léyé
Assez pou to nagé, assez pou to néyé.
Moulin apé touffé à force yen an di canes,
Ya pé tombé comme quand di vent jété pacanes.
Di sique là li brillé comme la rosée la plaine,
Comme gros djamants madame, l'aute fois quant li té jène
-- Quand Méricains sortis là-bas dans yé pays,
Et vini la maison pou oi di cane, maïs,
Yé sembe des moun qui sotte: quand yé gouté la couit
Yé cou liché yé doigts, et yé dit: « hn! t'is sweet. »
Tout moun conain sirop, la couit, tout ça ça doux,
Mais yé, c'est Méricain, yé tous c'est des voudous.
Mo mait apé rempli so poche avec l'argent,
No dansé dans cabane quand no oi li content,

Jisqu'à ti négrillons qui trouvé li joli....

Et pis viémait si bon qué tout moun lainmain li.

Aster malé dit vous quand mois-ci là fini,

La pli allé tombé, et fret allé vini.

Neg lévé fait di fé en bas la rampe quéquefois,

Pou cou limain yé pipes et pou chauffé yé doigts.

Décembre

Dans l'ancien temps vié neg coutime metté cantchié,

Mais tous ti négrillons yé te couri ni-pieds;

Aster tout moun apé marché comme gros michié.

Yé dit c'est Méricains qui vende nous autres quilottes;

Pou couri dans do l'eau y faut no metté bottes;

Yé voyé marchandise dans gros papa steambots,

Marchand charrette vini après la roulaison,

Quand yolé vende quichose yé conain la saison.

Quand yé vini comme ça tous neg yé galopé

Acheté souyés, débas, couvertes pou yé vlopé,

Pou tout quichose yé oi tout souite yolé topé

Jène neg acheté chapeau, négresse acheter tignon,

Et pi chimise ginga pou ptit négrillon,

C'est ça mo coutime fait pou mo vié femme Pognon.

A la fin mois-ci là c'est temps pou donne zétrenne;

Jour là, nos cou saloué madame comme ain la reine

Pou dit li bonne annain;... tout moun, ni vié, ni jène,

Mo mait et mo maîtresse yé pa gaingnain pareil.

Mo lainmain yé dipis... la tête jisuq'à zorteil,

Ma lainmain yé toujou, jisqu'à mo dans cercuéil.

Epilogue

La roulaison fini... yé vende di sique, la mlasse

Et jisqu'à fond citerne, sans té gaingnain la glace.

Mo djà rédit souvent: ◄ Mo piti, Bon Djé bon.... ►

Tout moun va dit vous ça, excepté vié Démon.

Et jour là ma mouri, ous autes va dit: ◄ Guitin ►

Nalé prier pou toi les soirs et les matins.

Jules Choppin

abaisser to lower
abat-lour, un lampshade
abattre to pull down
abeille, une bee
abîme, un abyss
abolir abolish
abondant plentiful
abord (d') at first
aborder to approach
abriter (s') to shelter
absolu sole, only
accabler to overwhelm
accalmie, une lull, calm
accidenté eventful, uneven
accord, un agreement
    être d'accord to be in
        agreement
accorder to grant
accoucher to give birth
accouder to lean on one's
    elbows
accourir to rush to
accoutrement, un dress
accoutumer (s') to become
    accustomed to
accrocher to hook
accroupir to crouch
accueil, un welcome
acharné eager in pursuit
acheter to buy
achever to finish
acier, un steel
actualité, une reality
adieu, un good-bye
adoucir (s') to soften
aérer to ventilate
affaiblir to weaken
affairé pretending to be
    busy
affaisser (s') to give way
affamé starved
affres, les (f.) anguish
afin de in order to
afin que in order that

agacer to annoy
agenouiller (s') to kneel
agiotage, un gambling (on
    the stock exchange)
agir to act
agir de (s') to be a
    question of
agiter (s') to move about,
    excite
agneau, un lamb
agrément, un amusement
agreste rural
aïeul, un grandfather
aigu piercing
aiguille, une needle
aile, une wing
ailé, winged
ailleurs elsewhere
    d'ailleurs moreover
aimable kind
aimant loving
air, un song, manner
    avoir l'air to seem
aise, une comfort
aisément easily
ajonc, un furze
ajouter to add
alentours, les (m.) sur-
    roundings
aller to go
    s'en aller to go away
allonger (s') to stretch out
allumer to light
alors then
alors que when
altérer to change
amarre, une mooring
amarrer to tie
amas, un heap
amasser to store
âme, une soul
amener to bring
amèrement bitterly
amertume, une bitterness

ameuté assembled
amical friendly
amonceler to pile up
amoureux, amoureuse loving
　tomber amoureux to fall in
　　love
amoureux, un sweetheart
ancêtre, un ancestor
ancien, ancienne old
âne, un ass
anéantir to destroy
angle, un angle, corner
angoisse, une anguish
antan (d') of yesteryear
apaiser (s') to become appeased
apercevoir to see
aplanir to smooth away
aplati flattened
apothéose, une deification
appartenir to belong
appauvrir to impoverish
appel, un roll call
appeler (s') to be named
apport, un contribution
apporter to bring
apprécier to appreciate
apprêter (s') to make ready
approprier (s') to appropriate
　something to oneself
appuyer to lean on
après after
　après + infinitive in the
　　process of
　peu après shortly after
arborer to hoist
argenté silvery
argile, une clay
arôme, un aroma
arpenter to stride along
arracher to pull away
arrêter (s') to stop
arrière (en) in the back of
arrière-garde, une rear guard
arrière grand-parent, un great-
　grandparent
arrière-saison, une end of
　autumn

arroser to water
asile, un refuge
asseoir (s') to sit
assidu assiduous, untiring
assiéger to crowd round
assiette, une plate
assourdir to deafen
assurément of course
astre, un star
âtre, un fireplace
atroce atrocious
atteindre to attain, reach
atteler to harness, yoke
attendre to wait for
attendre à (s') to expect
attente, une wait
atterrir to land
attirer to attract
attrait, un attraction
attraper to catch
aubaine, une windfall
aubépine, une hawthorn
auberge, une inn
aucun none, no one
aucunement in no way
au-dessus de above, on top o
aujourd'hui today
auparavant formerly
auprès near
auréole, une halo
auréoler to surround with a
　halo
aurore, une dawn
aussi also
aussi . . . que as . . . as
aussitôt as soon as,
　immediately
autant as much
autre other
　d'autre part on the other
　hand
autrefois formerly
autrement otherwise
autrichien Austrian
autruche, une ostrich
autrui others
avaler to swallow

avance (à l') beforehand
avancer (s') to move forward
avant before
avant-veille, une two days
  before
avenir, un future
avertir to warn
aveugle blind
aviron, un oar
avis, un opinion
avoine, une oat(s)

babiller to chatter away
bac à vapeur, le steam ferryboat
badigeonnage, le whitewash
badiner to joke
baie, la bay
baigner to bathe
bain, le bath
baiser, le kiss
baisser to lower
baisser pavillon to strike one's
  colors
balayer to sweep
balbutier to mumble
balle, la bullet
ballotter to toss
bambino, le child
bananier, le banana tree
banc, le bench
bande, la group
  faire bande à part to keep to
  one's own set
bandeau, le headband
ban et l'arrière ban, le all the
  relatives
banqueroute, la bankruptcy
banquier, le banker
barbe, la beard
barque, la boat
barrière, la fence
bas low
  au bas at the foot
bateau, le boat
batelet, le little boat
bâtiment, le building
bâton, le stick

battre to beat
battre la générale to call
  to arms
bavarder to chatter
bec, le beak
bécassine, la snipe
bel et bon good and well,
  fine and dandy
bénin, benigne kindly
bénir to bless
berceau, le cradle
bercer to rock
berceuse, la rocker
berge, le bank
berger, le shepherd
berline, la coach
besogne, la task
besoin, le need
bête foolish
bête, la animal
bête de somme, la pack animal
bêtise, la foolishness
beuglement, le bellowing
beurre, le butter
bévue, la blunder
bien, le property
bienfaisance, la charity
bien que although
bijou, le jewel
biscuit, le cookie, biscuit
bise, la north wind
blanc, blanche white
blanc, le white man
blancheur, la whiteness
blesser to wound
blessure, la wound
bleu blue
blottir to huddle
boeuf, le bull
bois, le woods
boisseau, le bushel
bon, bonne good
bon à rien good for nothing
bonassement innocently
bond, le leap, jump
bondir to leap, jump
bonheur, le happiness

bonhomie, la good-heartedness
bonté, la goodness
bord, le bank, shore
border to line
Borée, la north wind
bosquet, le grove, thicket
bouche, la mouth
bouche bée agape
bouchée, la mouthful
boucher to stop up
boucle, la curl
boucler to curl
bouffée, la whiff, puff
bougre, le chap
bouillir to boil
bouleversement, le upheaval
bourde, la fib
bourdonnement, le humming
bourgeois, les (m.) middle-class
    people
bourreau, le executioner
bout, le end, piece, bit
boutaque, la rocker
bouteille, la bottle
braise, la coal
brasier, le fire in live coals
bravoure, la bravery
brèche, la breach
    battre sur la brèche to batter
bréviare, le breviary
bride, la tie, ribbon
brin, le bit
brindille, la twig
brique, la brick
brise, la breeze
briser to break
broche, la skewer
broder to embroider
broncher to waver
brouette, la wheelbarrow
brouillard, le fog
broussaille, la brushwood
bruiner to drizzle
bruissement, le rustling
bruit, le noise
brûler to burn

Brumaire, le second month of
    the French Republican
    calendar (October 23-
    November 21)
brumeux foggy
brune dark, brunette
bruyant noisy
bûche, la log
buée, la vapor
buisson, le bush
buriner to engrave
but, le goal, aim
butin, le booty

cabane, la hut, shanty
cacher to hide
cachette, la hiding place
cadeau, le gift
cadet, le junior, younger
cadre, le setting
caduque frail
ça et là here and there
cahotement, le jolt
caillou, le pebble
caleçon, le drawers
câliner to caress, make over
camp, le living quarters
campagne, la plain, open
    country
canard, le duck
canne, la cane, reed
canne à sucre, la sugarcane
canon, le barrel
capiteux sensuous
capot, le overcoat
capoter to turn over
capuchon, le hood
caqueter to chatter
car for
carambolage, la cannon
carencro, le buzzard
cargaison, le cargo
carnet, le notebook
carotte, la carrot
carré square
carriole, la light cart

carrure, la breadth, size
cas, le case
cascatelle, la waterfall
casquette, la cap
casser to break
cassonade, la brown sugar
cauchemar, le nightmare
causer to chat, cause
causerie, la talk
cave, la cellar
caveau, le burial vault
céans here
ceci this
céder to give in
ceinture, la belt
ceinturon, le waistband
cela that
celle the one
celui the one
cendre, la ash
centaine, la a hundred
centenaire, le centennial
ce que what, that which
ce qui what, that which
cercueil, le casket
cerveau, le brain
cesser to cease, stop
cession, la transfer
ceux-ci the latter
chacun each one
chair, la flesh
chaleur, la heat, warmth
chambrette, la little room
chameau, le camel
champ, le field
champ de bataille, le battle-
    field
champ du repos, le cemetery
champêtre rustic
chanter to sing
chapeau, le hat
chapeauté de neuf wearing a new
    hat
chaque each
char, le car, wagon, coach
chardon, le thistle
charger to fill

charmille, la arbor
charpentier, le carpenter
charrier to carry
chasser to send away, hunt
chasseur, le hunter
chat, le cat
châtié polished
chaton, le little cat
chat-ouì, le raccoon
chaud hot, warm
chaudière, la cauldron, pot
chauffer to heat
chausser to put on one's
    stockings, shoes
chauve bald
chaux, la whitewash
chef, le leader
chemin, le road
chemise, la shirt
chênaie, la oak grove
chêne, le oak
chenet, le andiron
chenille, la caterpillar
chérant expensive
chétif, chétive weak
cheval, le horse
chevaucher to ride on a horse
chevelure, la hair
cheveu, le hair
chevreau, le kid
chèvrefeuille, le honeysuckle
chevreuil, le deer
chez at
chez toi at your house
chien, le dog
chien de garde, le watchdog
chinois Chinese
chirurgie, la surgery
choeur, le choir
    en choeur in chorus
choir to fall
choquer to shock
chuchoter to whisper
cicatrice, la scar
ciel, le heaven
cierge, le candle
cigale, la cicada, locust

cil, le eyelash
cime, la summit
ciseau, le chisel
ciseler engrave
citoyen, le citizen
clapoter to chop, lap
claquer to clatter
clef, la key
cliquetis, le rattling
clochette, la little bell
clou, le nail
cocagne, la land of plenty
cocasse droll
cochon, le pig
cochon de lait, le suckling pig
coeur, le heart
  avoir le coeur net to get to
    the bottom of it
coiffer to do one's hair
coiffure, la hairdo
coin, le corner
col, le collar
colère, la anger
Colin Tampon blindman's buff
coller to stick
collier, le necklace
colline, la hill
colombe, la pigeon, dove
colon, le colonist
colonne, la column
coloris, le coloring
combien how many
combler to fill
commander to order
comme like, as
comment how
commettre to commit
commode convenient
compagnie, la company
  en compagnie de in company
    with
compatir to sympathize with
compère, le friend, buddy
complet complete
  au grand complet at full
    strength
compter to count

concours, le competition
condamner to condemn
conduire to lead, drive
confédéré confederate
confier à to confide in
congé, le leave
congénère, le congener, like
    kind
conquérant, le conqueror
consacrer to devote, dedicat
conseil, le advice
conséquence consequence
  en conséquence consequentl
consterner to alarm
contemporain contemporary
contenir to contain
contenter de (se) to be
    satisfied with
contenu, le content
conteur, le storyteller
contraint forced
contre against
contre-coup, le aftereffects
convenir to be suitable to
convier to invite
convive, le guest
convoiter to covet
coq, le rooster
coquerico cock-a-doodle-doo
coquet stylish
coquillages, les (f.) empty
    shells
coquillé covered with shells
coquille, la shell
coquinerie, la roguery
corbeille, la basket
corde, la rope
cor de chasse, le hunting ho
corner to proclaim
corps, le body
corrompre to corrupt
cortège, le procession
costume, le dress, outfit
côte, la coast
côté, le side
  de son côté for his part
cou, le neck
couchant, le setting sun

coucher (se) to go to bed, to lie down
couchette, la bed
coudre to sew
coup, le blow
coup de nord, le north wind
coup d'oeil, le glance
coupe, la cup
couper to cut
cour, la yard, court
 après faire la cour to court
courant, le current
courber to curve, bend
courir to run
couronne, la wreath
couronner to crown
courroucer to anger
course, la race, chase
cousinage, le cousinship
coussin, le cushion
couteau, le knife
couteau à découper, le carving knife
couteau de table, le table knife
coutelas, le broad-bladed knife
coûter to cost
coutume, la custom
couvée, la brood, group
couver to hatch
couvercle, le top, cover, lid
couverture, la cover
craindre to fear
cramponner to cling to
crapaud, le toad
cravate, la tie
créer to create
créole, le white person descended from French or Spanish settlers of Louisiana and Gulf States region and preserving their characteristic speech and culture
crépir to roughcast
crête-de-coq, la cockscomb
creuser to dig

creuser la tête (se) to strain mentally
crever to die
crever de faim to die of hunger
crier to yell
crier à tue-tête to yell at the top of one's voice
crise nerveuse, la attack of nerves
crisper (se) to contract
crochet, le hook
crochu crooked
croire to think, believe
croix, la cross
croque-mort, le undertaker's helper
croquer to munch
croulant tottering
cruche, la pitcher, jug
cueillette, la picking, gathering
cueillir to pick, gather
cuir, le leather
cuire to cook
cuisine, la kitchen
cuisinière, la cook
cuissot, le thigh
cuite, la taffy made from cane sugar
cuivre, le brass
culottes, les trousers
culture, la culture, cultivation
curé, le parish priest
cuvette, la basin
cyprière, la cypress grove

dais, le canopy
dard, le sting
darder to shine, sting
davantage more
débarquer to disembark
débarrasser to clear, remove
débat, le debate
débattre (se) to struggle

débiter to spout off
débordant overflowing
débrouillard resourceful
déchausser (se) to remove one's
  shoes
déchirer to tear
décimer to decimate
décombres, les rubbish
déconfiture, la failure
découvrir to discover
  à découvert open
décréter to decree
décrire to describe
décrocher to unhook
dédale, le maze
déesse, la goddess
défaillir to fail
défaite, la defeat
défendre to forbid
défense (faire) to forbid
défenseur, le defender
défoncer to smash
défricher to clear
dégager to relieve
déguster to sample
dehors, le exterior
déjeuner, le breakfast, lunch
delà beyond
délabrer to ruin
délaisser to abandon
délassement, le relaxation
délice, le delight
délit, le misdemeanor
démarche, la step, action
demeure, la dwelling
demeurer to live, dwell, remain
demi-moqueur, demi-moqueuse half-
  mocking
démontrer to show
denier, le penny
dénouer to undo
dent, la tooth
  avoir mal aux dents to have a
  toothache
dénuder to strip
dépeint depicted

dépenser to spend
dépérir to waste away
dépit, le resentment
  en dépit de in spite of
déployer to spread out
dépouiller to strip, remove
dérive, la drift
dernier, le last, latter
dérober (se) to give way
dérouler (se) to undo, unfold
derrière behind
dès from
désaltérer (se) to quench one's
  thirst
descendre to go down
désespoir, le despair
déshonorant dishonoring
désintéressement, le impar-
  tiality
désoeuvré idle
désoler to ravage
désormais henceforth
desquels of which
dessein, le purpose
dessin, le sketch
désuet antiquated
déterrer to disinter
détourner to turn away
détruire to destroy
deuil, le mourning
dévaler to go down
devenir to become
déverser to tip
deviner to guess
devinette, la riddle
devise, la motto
deviser to chat, gossip
devoir to owe; should, must
devoir, le duty
dévorer to devour
dévouement, le self-sacrifice
dévouer to dedicate
diable, le devil
diantrement very
diapré variegated
Dieu God

digne worthy
dinde, la turkey-hen
dindon, le turkey-cock
dire to say, tell
  pour ainsi dire so to speak
diriger to guide
diriger (se) to go toward
disparaître to disappear
dispendieux expensive
dispos fit, well
dissimuler to hide
distinguer (se) to distinguish
  oneself
dodu plump
doigt, le finger
donc then, therefore
dont whose, of which
dorer to gild
dormir to sleep
dortoir, le dormitory
dos, le back
dossier, le the back of a chair
doter to endow
douceur, la pleasantness
douillette soft
douleur, la pain
douloureux painful
doute, le doubt
douter de (se) to suspect
doux, douce sweet
douzaine, la dozen
drapeau, le flag
draper to clothe, cover
dresser (se) to perk up, stand
droit, le right
  à bon droit with good reason
  à droite to the right
drôle odd, funny
dur hard, difficult
durer to last
duvet, le layer

eau, une water
ébahi astounded
ébats, les (m.) revels, frolic

ébaubi astounded
éblouissant dazzling
écarter to isolate
échanger to exchange
échapper (s') to escape
échec, un failure
  en échec in check
échouer to fail
éclairer to enlighten
éclat, un outburst
éclatant brightly shining
éclater to burst
éclore to begin, be born
écorce, une rind
écorcher (s') to graze, skin
écouler (s') to elapse
écrin, un jewel case
écrivain, un writer
écroulé fallen
écu, un coin
édredon, un eiderdown quilt
effacer (s') to stand aside
effaroucher to frighten
effondrer to break down
effréné unrestrained
effriter (s') to crumble
effronté impudent
effroyable frightful
égal equal
  ça m'est égal it does not
  matter
églantier, un wild rose bush
égoïste selfish
égratignure, une scratch
égrener le chapelet to say
  one's rosary
élancer (s') to rush at
élever to rear, raise
élever (s') to rise
éloge, un praise
éloigné distant
éloigner de (s') to go away
émailler to enamel
embaumer to embalm, fill
embellir to embellish

embêter to annoy
embouchure, une mouth
embrasser to kiss
émeraude, une emerald
émerveiller to amaze
émietter (s') to crumble away
emmener to take with, away
émoi, un emotion
émouvoir to move
emparer (s') to take, seize
empêcher to stop, prevent
emphatique bombastic
emplir (s') to fill up
empoigner to seize, grasp
empoisonner to poison
emporter to take with
empourprer (s') to turn crimson
empresser (s') to hurry
emprise, une hold
encadrer to frame
encore still, yet, again
encre, une ink
endimanché dressed in Sunday
    best
endommager to damage
endormir (s') to fall asleep
endroit, un place
enfer, un hell
enfouir to hide, bury
enfuir (s') to flee
engager (s') to undertake
engeance, une crew, brood
engloutir to engulf, swallow
engouffrer (s') to be engulfed
enivrement, un intoxication,
    elation
enivrer to intoxicate
enjoué sprightly
enlever to remove, take away
ennemi, un enemy
ennuyer to bore
ennuyeux, ennuyeuse boring,
    annoying
enrubanné decorated with
    ribbons
ensanglanter to cover with
    blood

enseigne, une sign
enseignement, un teaching
enseigner to teach
ensemble together
ensevelir to bury
ensoleillé sunny
ensuite then
ensuivre (s') to follow
entasser to pile up
entendre to hear
entendre plusieurs milles
    à la ronde to hear for
    many miles around
enterrer to bury
entêté obstinate
entourer to surround
entrain, un liveliness
entraîner to lead astray
entrelacer to intertwine
entremise, une intervention
entreprendre to undertake
entretenir (s') to converse
entrevoir to catch a glimpse
    of
entr'ouvrir to half open
envahir to overrun
envers toward
envers, un wrong side
    à l'envers backwards
envie, une desire
    avoir envie de to feel lik
envier to covet
environner to surround
envolée, une flight
envoler (s') to fly away
envoyer to send
envoyer promener to send
    packing
épais, épaisse thick
épaisser (s') to thicken
épaisseur, une thickness
épanouir (s') to bloom
éparpiller (s') to spread
épaule, une shoulder
épaves, les (f.) remains
épée, une sword
éperdument distractedly

éperonner to spur
épier to spy upon
épineux, épineuse thorny
Epire province of Greece
éploré weeping
épopée, une epic
épouse, une wife
épouser to marry
épouvantail, un scarecrow
épouvante, une terror
époux, un husband
épreuve, une test
éprouver to experience
épuiser to use up, exhaust
équivoque questionable
ériger to build
escalier, un staircase
escarboucle, une carbuncle
escarmouche, une skirmish
escarpé steep
esclave, un slave
escouade, une squad
espèce, une sort
espion, un spy
espoir, un hope
esprit, un mind
esquif, un skiff
esquisse, une sketch
essai, un test, attempt
essaim, un swarm
essayer to attempt
essieu, un axle
essuyer to clean, wipe
essuyer le feu to come under
   fire
est, un east
estomac, un stomach
estomper to blur
établir establish
étage, un floor
étain, un tin
étaler to show off
étaler (s') to spread
étang, un pond
état, un state, mood
  dans tous ses états upset
étayer to support

éteindre to extinguish
étendre (s') to extend
étendue, une extent
étinceler to sparkle
étincelle, une spark
étoile, une star
   à la belle étoile to sleep
      in the open
étoiler to make starry
étonner to astonish
étouffer to stifle
étoupe, une waste
étourdir to stun, make dizzy
être to be
être, un individual
étreindre to grip
étreinte, une hug
étrier, un stirrup
étroit narrow
eux-mêmes themselves
évader (s') to escape
évanouir (s') to faint,
   disappear
éveil, un warning
éveiller to awaken
évènement, un event
éventail, un fan
éventer to fan
évertuer (s') to do one's
   utmost
exécution, une performance
   mettre à exécution to put
      into effect
exercer des melodies to sing
   melodies
exhaler (s') to emit
exiger to demand
exprès on purpose
exprimer to express
exténuer to exhaust

fâché angry
façon, la manner, way, means
   sans façon informally
factotum, le handyman
facture, la treatment
faible weak

faiblesse, la weakness
faillite, la failure
faim, la hunger
  avoir faim to be hungry
faire to do, make
faire faire to have done, made
fait, le deed
faîte, le height
falloir to be necessary
fanal, le light
fanfaron boasting
fangeux, fangeuse muddy
faraud vain
farceur, le practical joker
fardeau, le burden
farniente, le idleness
farouche wild
fastes, les (m.) accounts of
  great deeds
faute, la fault
fauve tawny
fébrile feverish
fée, la fairy
feinte, la pretense
féliciter to congratulate
femme, la woman, wife
féodal feudal
fer, le iron
fer blanc, le tin plate
ferme, la farm
féroce wild
ferrailler to shoot
fêter to celebrate
feu, le fire
feuillage, le foliage
feuille, la leaf
feuillée, la leaves
fiancer (se) to become engaged
ficher de (se) to make fun of
fichu, le neckerchief
fidèle faithful
fier, fière proud
fier à (se) to have confidence
  in
fièvre, la fever
figuier, le fig tree
figure, la face

figurer (se) to imagine
filière, la die
filoselle, la floss silk
fils, le son
firmament, le sky
flambeau, le torch
flamber to burn
flanquer to place, throw
flétrir to fade
fleurir to blossom
fleuve, le river
florifère flower-bearing
flot, le wave
flotter to float
flûté soft
foin, le hay
fois, la time
  chaque fois each time
  il était une fois once upon
    a time
foison, la abundance
folie, la extravagance,
  extravaganza
folle, la crazy one
fond, le bottom
fondement, le foundation
fonder to found
fondre to melt
force, la strength
  avec force salutation warm
forcené frantic
forfanterie, la impudent
  boasting
forger (se) to make up
fort strong
fosse, la grave, hole
fou, le crazy one
fouetter to spank
fougère, la fern
fouiller to dig
fouillis, le muddle (of
  cane reeds)
foule, la crowd
fouler to crumple
fourbir to polish, clean
fourgon, le van, wagon
fourmi, la ant

fourmiller to swarm
fourré, le thicket
fourrer to cram
foyer, le home, fireplace
fracasser to shatter, damage
fraîcheur, la coolness
frais cool, soft, fresh
franc, franche frank, honest
franchir to cross
franger to fringe
frapper to strike
frayeur, la fear
frein, le brake
frêle frail
frémir to tremble
frénétique frantic, frenzied
frétiller to wriggle
friandise, la good food
fricasser de (se) to make fun
   of
friche waste, fallow
   être en friche to lie fallow
friser to border on
frisson, le shiver
frivole frivolous
froid, le cold
froid de chien, un miserably
   cold
froisser to offend
frôler to touch lightly
fromage, le cheese
froncer to wrinkle
front, le brow, forehead
fuerter to ferret
fuir to flee
fumée, la smoke
fumer to smoke
fumier, le manure
funèbre funereal
funeste fatal
furieux, furieuse furious
fusée, la flame
fusil, le gun
fusiller to shoot, execute

gagner to win, earn, overtake,
   reach

gaillard vigorous
gain, le profit
galerie, la porch
gamme, la gamut
gant, le glove
garde-malade, le male nurse
garder de (se) to beware of
garni trimmed, stocked
   en garni in lodgings
gaspiller to waste
gâté spoiled
gâteau, le cake
gauche awkward
   à gauche to the left
gaze, la gauze
gazette, la newspaper
gazon, le grass
gazouiller to babble, purl
géant, le giant
geindre to whimper
geler to freeze
gémir to groan
gendre, le son-in-law
gêner to bother, incon-
   venience
génie, le genius
genou, le knee
genre kind
gens, les (m.) people
gérant, le overseer, manager
gerbe, la sheaf
giraumon, le pumpkin
gisant lying helpless, dead
gîte, le bed
givre, le hoarfrost
glace, la ice, mirror
glacer to chill
gland, le acorn
glapissement, le yapping
glas, le knell
glisser to slide, slip
glousser to cluck
glycine, la wisteria
goguenard mocking
gonfler to inflate
gorge, la throat
gorger to stuff

gosier, le gullet
gourmand greedy
goût, le taste, liking
goûter to taste
goutte, la drop
gouttelette, la droplet
grâce (de) for pity's sake
grandir to grow up
grange, la barn
gratter to scratch
graver to carve
gredin, le rogue
grelot, le small bell
grenier, le attic
grièvement gravely
griffe, la claw
griffer to claw
grillon, le cricket
grimper to climb
gris grey
griser to make tipsy
grogner to oink, rumble
grommeler to mutter
gronder to scold
gros, grosse fat, big
grossier coarse, crude
gru, le grits
guenille, la tattered garmet
guêpe, la wasp
guère scarcely
guérir to heal, get well
guerre, la war
guet-apens, le ambush
guetter to watch
gueule, la mouth, muzzle
gueux, le scoundrel
gui, le mistletoe
guinée, la English coin

habile skillful
habiller to dress
habit, un clothing
habitation, une plantation
hache, la hatchet
hacher to chop up
haie, la hedge
haillon, le rag

haine, une hatred
haleine, une breath
haletant panting
hallali, un finish
hanche, une hip
hanneton, le cockchafer, June
    bug
harceler to harass
hardiment boldly
hasard, le chance
hasarder (se) to take risks
hâte, une haste
hâter (se) to hurry
hausser to shrug
haut aloud, top, northern
    portion
  du haut de la ville uptown
hauteur, la height
havresac, le knapsack
hebdomadaires, les (m.) weekli
héler to call, yell
hennissement, le neighing
herbe, une grass
hère, un luckless one
hérisser to bristle up
hêtre, le beech tree
heure, une hour
  de bonne heure early
hibou, le owl
hiératique pertaining to
    priests, priestesses
hirondelle, une swallow
histoire, une story
hiver, un winter
honteux, honteuse shameful
hôte, un host
hôtelier, un innkeeper
houri, une a nymph of the
    Mohammedan paradise
humeur, une humor, mood
hurlement, le yelling
hyménée, un marriage

ici-bas here on earth
ignorer to be unaware of
Ile aux Vaisseaux Ship Island
immoler (s') to sacrifice ones

imperceptible imperceptible

impérieux, impérieuse domi-
   neering

importer to be of conse-
   quence

  n'importe qui anyone

  n'importe quoi anything

  qu'importe what does it
    matter

imposer (s') to assert oneself

inanimé lifeless

inaperçu unnoticed

inaugurer (s') to begin

incliner (s') to bend

incommodé inconvenienced

inconnu, un unknown person

indécis blurred, doubtful

indicible inexpressible

indomptable unbridled, uncon-
   querable

inébranlable unshakable

infime lowly

inoubliable unforgettable

inouï unheard of

inquiétude, une care, concern

insouciance, une lack of concern

installer (s') to settle down

instant, un moment

instar de (à l') like, in the
   manner of

insu de (à l') without the
   knowledge of

intendance, une managership

interrompre to interrupt

intraitable uncompromising

intrépide fearless

inutile useless

Irlandais, un Irishman

ivre intoxicated

ivresse, une intoxication,
   rapture

jadis formerly

jaillir to gush forth

jais, le jet

jaloux, jalouse jealous

jambe, la leg

à toutes jambes at full speed

japper to yelp

jardin, le garden

jaser to chatter away

Jay-hawkers, les originally
   antislavery people,
   especially in Kansas
   and Missouri

jeter to throw, place

jeun (à) fasting

jeunesse, la youth

joie, la joy

joindre (se) to join, unite

joue, la cheek

joug, le yoke

jouir to enjoy

jouissance, la enjoyment

jour, le day, daylight

  en plein jour in broad day-
    light

juché perched

jumeau, le male twin

jumelle, la female twin

jupe, la skirt

jurer to swear, promise

jusque as far as, until

juste just, fair

  comme de juste of course

justement exactly

lâche, le coward

lâcher to release

laid ugly

laine, la wool

laisser to let, allow

lait, le milk

laiteux, laiteuse milky

laitue, la lettuce

lambeau, le scrap

lancer to give off, throw

langoureux, langoureuse languid

langue, la language, tongue

lapin, le rabbit

larme, la tear

à chaudes larmes sobbing

lave, la lava

laver to wash

lécher to lick
lécher les babines (se) to lick
  one's chops
lecteur, le reader
léger light
légerté, la lightness (of tone)
lendemain, le next day
  du jour au lendemain overnight
lent slow
lequel which
lettre de faire part, la
  announcement, invitation
levée, la levee
lever, le dawn
lever du jour, le daybreak
lèvre, la lip
lévrier, le greyhound
liane, la liana, creeper
libérer (se) to free oneself
libre free
libre arbitre, le free will
lie, la dregs
lier to tie
lieu, le place
lièvre, le hare
lignée, la line, lineage
limier, le bloodhound
limpide clear
linceul, le shroud
lisse smooth
lit, le bed
litière, la litter
livrer to join battle
livrer à (se) to indulge in
logement, le lodging
logis, le house
loi, la law
loin far
lointain distant
long, longue long
  le long de along
longtemps a long time
loque, la rag
lors de when
lorsque when
lot, le share
louer to praise

lourd heavy
louve, la she-wolf
louveteau, le wolf cub
lueur, la ray
lui-même himself
luire to shine
lustrer to polish
lutin mischievous
lutte, la struggle

macaque, le monkey
mâcher to chew
machinalement unconsciously
mâchonner to chew
magasin, le store
maigrir to grow thin
maintien, le countenance
maïs, le corn
maison, la house
maisonnette, la little house
maître, le master
mal wrong
mal, le ailment, wrong, evil
  avoir mal to ache
  faire mal à to hurt someone
malade ill
  rendre malade to make ill
maladroit, le awkward
malfaisant, le evil-minded on
malgré in spite of
malheur, le misfortune
  pour comble de malheur as a
    crowning misfortune
malheureuse, la unfortunate
  woman
malheureux, le unfortunate ma
malin, maligne clever
malsain dangerous
manège, le trick
manier to handle
manière, la manner
manoeuvrer to work
manteau, le overcoat
maraîcher, le male market
  gardener, truck farmer
maraîchère, la female market
  gardener, truck farmer

marbrier, le marble worker, mason
marchand, le merchant
marche, la step
marcher à merveille to go well
mare, la pond
marécage, le marshland
mari, le husband
marier (se) to marry
marine, la navy
marmotter to mumble
marque de touche, la characteristic
massepin, le marzipan cake
masser (se) to assemble
mat dull
mâtin, le watchdog
maudit damned
mauvaise bad
mauve purple
méchanceté, la meanness
méconnaître to fail to recognize
mécréant, le unbeliever
médire to slander
méfait, le misdeed
meilleur better
meilleur, le best
mêler to mix
melonnière, la melon patch
membre, le limb
même, le same
   à même in the way of, in the position of
menacer to threaten
ménage, le household
mendiant, le beggar
mendier to beg
mener to lead
menteur, le liar
menuisier, le cabinetmaker
mépris, le contempt
mépriser to scorn
mer, la sea
merise, la cherry bounce
merveille, la wonder, marvel
Meschacébé, le Mississippi River

mespulus, le of the apple family
mesquin petty
mettre to put, place
mettre à (se) to begin
meubler to stock, furnish
meule, la millstone
midi noon
midi, le south
miel, le honey
mieux better
   à qui mieux mieux to vie with one another
mignon attractive
milieu, le middle
   au beau milieu right in the middle
millier, le about a thousand
mince thin, small
miné consumed
mine, la appearance
   avoir bonne mine to look well
minuit, le midnight
mioche, la little girl
mioche, le small boy
mise, la attire
mise en scène, la production
moeurs, les (f.) customs
moindre least
moins less
   au moins at least
mois, le month
moisissure, la mildew
moisson, la harvest
moitié, la half
molle soft
momie, la mummy
monceau, le heap
monde, le world
   tout le monde everyone
monnaie, la change
   donner la monnaie de leur pièce to pay back
mont, le hill
   par monts et par vaux uphill and down dale
monter to climb

monticule, le hillock
monture, la mount (horse)
moquer to mock
moqueur, le mockingbird
mordoré bronze colored
mordre to bite
moricaud, le dark-skinned
    person
morne gloomy
mort, la death
mortel, mortelle mortal
mouchoir, le handkerchief
mouler to cast, mold
mourir to die
mousse, la moss
mouvoir to move
moyen, le means
Moyen Age, le Middle Ages
muet, muette mute, silent
mulâtre, le mulatto
mulet, le mule
mûr ripe
mur, le wall
murer to enclose
mûrier, le mulberry tree

nacelle, la skiff
naître to be born
Napée, la prairie nymph
narguer to mock
narquois mocking
natal native
naturel native
naviguer to sail
navire, le ship
néanmoins nevertheless
néant, le nothingness
nègre, le Negro man
nègre marron, le runaway Negro
    slave
négresse, la Negro woman
négrillon, le little Negro boy
nénuphar, le water lily
nerfs, les nerves
  porter sur les nerfs to
    irritate
nettement clearly

nettoyer to clean
nez, le nose
ni . . . ni neither . . . no
niais foolish
niche, la trick, prank
  faire des niches to play
    tricks
nicher to lodge
nid, le nest
nier to deny
nimbe, le halo
niveau, le level
noces, les (f.) wedding
    festivities
noiraud dark skinned
nourrice, la wet nurse
nourrir to feed
nouveau new
  de nouveau again
noyer to drown
nu naked, empty
nuage, le cloud

oc yes
  langue d'oc, la language in
    the south of France
occurrence, une emergency
oeil, un eye
  à vue d'oeil visibly
oeuf, un egg
oeuvre, une work
officier to preside
oiseau, un bird
oisiveté, une idleness
ombrager to shade
ombre, une shadow, shade
  dans l'ombre in private,
    quietly
ombrelle, une umbrella
onc never
onduler to ripple
opiniâtre obstinate
or, un gold
orage, un thunderstorm
oraison, une oration
oranger, un orange tree
oreille, une ear

dresser l'oreille to perk up
orgueil, un pride
orner to decorate
orteil, un toe
os, un bone
oser to dare
ôter to remove
oubli, un forgetfulness
ouest, un west
ours, un bear
outre beyond
ouvrage, un work
ouvrir to open

paisible peaceful
paix, la peace
palette, la painter's palette
pâleur, la paleness
palmier, le palm tree
panache, le top, leaves
pan de mur, le piece of wall
panier, le basket
panneau, le panel, wall
pantalon, le trousers
papillon nocturne, le moth
par by
parages, les regions
paraître to appear
parbleu of course
parce que because
parcourir to travel
pareil, pareille same
parer de (se) to adorn oneself
    with
par exemple for example
parfois sometimes
parier to bet
parmi among
paroisse, la parish
parole, la word
  prisonnier sur parole, le
    paroled prisoner
parquet, le floor
part, la portion
  faire part to inform
partager to share

partageux, le one who wants to
    share the property and
    goods of others (said
    ironically)
parterre, le flower bed
partir to leave
parvenir to reach
parvis, le square
pas, le step
passage (de) passing through
passager fleeting
passant, le passerby
passé, le past
patira, le scapegoat
patrie, la native land
  mère patrie, la mother
    country
patte, la paw
pauvre poor
pauvreté, la poverty
pauvrette, la poor thing, poor
    dear
pavaner (se) to strut about
pavé, le pavement, sidewalk
pavoiser to dress, decorate
payer cher to pay dearly
paysage, le countryside
paysan, le peasant man
paysanne, la peasant woman
peau, la skin
pêche, la fishing
péché, le sin
pécher to sin
peigner to comb
peindre to paint
peine, la punishment, sorrow
  avec peine with difficulty
  fair de la peine à to vex
    someone
peintre, le painter
pèlerin, le pilgrim
pelouse, la lawn
penché leaning
pendant during
pendant que while
pendre to hang

pendule, la clock
pénible painful
pénombre, le semidarkness
pensée, la thought
penser to think
pente, la slope
percer to pierce, penetrate
percher to perch, roost
perchoir, le perch, roost
perdre to lose
péri, la fairy
périr to perish
perler to bead
permettre to allow
pétiller to crackle
peu à peu little by little
peur, la fear
  avoir peur to be afraid
peut-être perhaps
physionomiste, le physiognomist,
  good judge of faces
piastre, la dollar
picoter to peck, disturb
picotin, le feed
pied, le foot
  à pied on foot
  au pied de at the foot of
piège, le trap, snare
  être pris au piège to be
  caught, trapped
pierre, la stone
piétiner to trample
piètre paltry
pif, le barge nose
piller to pillage
pin, le pine
pinceau, le artist's paintbrush
pinière, la pine plantation
pionnier, le pioneer
pioupiou, le foot soldier
pipeau, le shepherd's musical
  pipe
piqûre, la sting
pire, le worst
pis worse
pis que worse than
pitié, la pity

plafond, le ceiling
plaider to plead
plaindre (se) to complain
plaire à to please
plaisanter to joke
plaisir, le pleasure
planche, la board
plancher, le floor
plantureux, plantureuse copic
plat flat
pleinement fully
pleurer to cry
pleurs, les (m.) tears
plier to fold, bend
plier (se) to yield
plongeon, le dive
plonger to plunge
ployer to give way
plume, la feather, pen
plus more
plusieurs several
plus que more than
plutôt rather
poids, le weight
poing, le fist
point de mire, le aim
  à point in the right
  condition
poisson d'avril, le April Foo
  Day joke
poitrine, la chest
polir to polish
poltron, le coward
pommeau, le pommel, butt
pont, le bridge
porte, la door, gate
portée, la reach
  à portée de within reach
porter to wear, carry
poser to put, place
posséder to own
poster (se) to take up one's
  position
postiche false
pot-au-feu, le soup pot
pouce, le thumb
poudre, la powder

poudre d'or, la gold dust
pouffer to bubble over with
    laughter
poulailler, le hen house
poule, la chichen, hen
poumon, le lung
  respirer à pleins poumons to
    breathe hard
poupon, le baby
pourpre crimson, purple
pourquoi why
poursuite, la chase
pourtant however, nevertheless
pourvoir to provide
pourvu que provided that
pousse, la growth
pousser to push, grow
poussière, la dust
pouvoir to be able
pouvoir, le power
pré, le meadow
prêcher to preach
précieux affected
précipiter to hasten
prédilection, la fondness for
prédire to predict
préfet, le prefect
premier first
premier venu, le the first to
    arrive
prendre to take
près near
  tout près very near
présager to predict
présent (à) now
presser to squeeze
presser (se) to hurry
prétantaine (courir la) to gad
    about
prétendant, le suitor
prétendre to maintain
prêter to lend
prêtresse, la priestess
prévenir to warn
prévoir to foresee
prier to pray, beg
prière, la prayer

primer to take precedence
    over
printanier springlike
printemps, le spring
prise, la hold, capture
  aux prises avec to come to
    grips with
priver to deprive
prix, le price
probe honest
probité, la integrity
proche near
prodigue unsparing
prodiguer to lavish on someone
profond deep
proie, la prey
promettre to promise
promu promoted
prôner to extol
propice favorable
propre clean, own
proprette neat
propriété, la land, ownership
protéger to protect
prouver to prove
psalmodier to chant
pudeur, la modesty
puiser to take from
puisque since
puissance, la strength
pusillanimité, la faintheartedness
quand when
quant à as for
que what, which
quelconque whatever
quelle que soit whatever
quelque some, any
quelque chose something
quelque part somewhere
quelques-uns several
quelqu'un someone
quérir to get, fetch
quêter to beg
quêteur alms collector
qu'importe what does it
    matter
quitte free

quoi what
quoique although
quotidien daily

rabaisser to lower
racine, la root
radoteur, le dotard
rafale, la gust
raffiner to refine
raide stiff
raidir to stiffen
railler to jeer
railleur, railleuse mocking
raison, la reason
  avoir raison to be right
rajeunir to rejuvenate
ramasser to gather
rame, la oar
rameau, le palm
ramener to bring back
rameur, le oarsman
ramille, la twig
rang, le row
rappeler (se) to remember
rapprocher (se) to draw near
ras (au...de) on a level with
ratière, la rattrap
ravissant charming
ravissement, le delight
rayon, le beam, shelf
rayonner to shine
réapparaître reappear
recevoir to receive
réchaud, le chafing dish
recherche, la search, research
récit, le tale
réclamer to beg
recoller to glue, paste again
reconnaissance, la gratefulness
reconstituer to reconstitute
recueilli meditative
recueillir to gather
recul, le recession
reculer to recede
redoubler to increase
redoutable formidable
redresser to look up

réfléchir to think, ponder
reflet, le reflection
réfugier to shelter
régaler (se) to feast
regard, le look, glance
regimber to complain
relever to lift, remove
relié connected
relief, le prominence
religieuse, la nun
remarquer to notice
remblai, le mound
remède, le cure
remercier to thank
remettre (se) to recover
remonter to climb, go up agai
remords, le remorse
remous, le backwash
remplacer to replace
remplir to fill
remporter to win
remuer to move
rencontrer to meet
rendre to reach, return
rendre (se) to surrender
rendre compte (se) to realize
renfermer to contain
renfort, le reinforcement
renier to disown
rentrer to go home
renverser to overturn
renvoyer to send away
repaire, le haunt, hideout
répandre to spread
répartir to divide
repas, le meal
repli, le fold
répondre to answer
reprise, la time
résolu determined
résonner to resound
ressaisir (se) to get hold
    of oneself
ressentir to experience
ressort, le spring
ressortir (faire) to bring out
reste, le remainder

du reste   moreover
restreindre   to restrain
retenir   to retain
retentir   to echo
retirer   to remove
retirer (se)   to withdraw
retraite, la   refuge, retreat
retraiter   to retreat
retremper   to reinvigorate
retrousser   to turn up
retrouver   to regain
réussir   to succeed
revanche, la   revenge
  en revanche   on the other
    hand
réveil, le   awakening
réveiller (se)   to awaken
révélateur   revealing
rêver   to dream
revers, le   other side
revêtir toutes les formes   to
    assume all shapes
revêtu   dressed again
rêveur, rêveuse   dreamy
révolté, le   rebel
revue, la   periodical
ricaner   to laugh derisively
rideau, le   curtain
rider   to wrinkle
rien   nothing
ripaille, la   feasting
riposter   to retort
rire   to laugh
rire, le   laughter
  éclat de rire, un   burst of
    laughter
rivage, le   seashore
rive, la   bank, shore
river   to rivet, fix
robe, la   dress
rocher, le   rock
romancier, le   novelist
rompre   to break
ronce, la   bramble, thorn
ronflant   sonorous
roue, la   wheel
  faire la roue   to strut

rouge   red
rougeâtre   reddish
rougir   to become red
rouille, la   rust
roulaison, la   grinding season
    (of sugarcane)
rouleau, le   roller
route, la   road
rouvrir   to reopen
royaume, le   kingdom
rude   uncouth
  temps rudes, les   hard times
ruelle, la   alley
rugir   to roar
rugueux, rugueuse   rough
ruisseau, le   stream
ruisseler   to trickle
rutiler   to glow

sable, le   sand
sabler   to sand
sablier, le   hourglass
sac, le   bag, sack
saccager   to sack
sacré   sacred
sacrebleu   by golly
sagesse, la   wisdom
saillant   jutting out,
    outstanding
saillie, la   spurt
sain   sane
saisir   to startle, overtake
sale   dirty
saluer   to greet
salut, le   safety
sang, le   blood
sanglant   bloody
sanglier, le   wild boar
sanglot, le   sob
sans   without
sans doute   no doubt
santé, la   health
sapristi   good heavens
sarcelle, la   teal duck
sauf, sauve   safe
sauter   to jump
  faire sauter   to pop

sautiller to jump about
sauvage, le wild one
sauver to save, rescue
sauvetage, le rescue
savane, la pasture
savant skillful
saveur, la taste, flavor
savoir to know how
savoir, le knowledge
sceau, le seal
scintillant sparkling
scrongnenieu holy cow, good
    grief
sec, sèche dry
sécheresse, la drought
secouer to shake
secours, le help
seigneur, le lord
sein, le bosom
séjour, le stay
selle, la saddle
semblant semblance
  faire semblant to pretend
sembler to seem
semer to spread
sens commun, le common sense
senteur, la scent
sentier, le path
sentir to smell
serment, le oath
serpe, la billhook
serpenter to meander
serrer to clutch, tighten
seuil, le threshold
seul alone
sève, la sap
seyant becoming
siècle, le century
siens, les his, her own
siffler to whistle
siffloter to whistle under
    one's breath
signe, le signal
sillons, les fields
singulièrement strangely
sinon otherwise
sinuosité, la winding

soeur, la sister, nun
soi-disant supposedly
soigner to care for
soigneux, soigneuse careful
soin, le care, task
soir, le evening
  tous les soirs every evening
sol, le ground
soleil, le sun
soliloquer to talk to oneself
somme, la sum
sommeil, le sleep
sommeiller to doze
sommet, le top
somnolent drowsy
son, le sound
songe, le dream
songer to think, consider,
    dream
soporific sleep inducing
sort, le fate
sorte, la manner, way
  de sorte que so that
sortir to go out
sot, sotte foolish
sou, le penny
souche native born
souci, le worry
soucier de (se) to be worried
    about
soudain sudden
souffle, le breath
souffler to blow
souffrance, la suffering
souffrir to suffer
souhait, le wish
soûl drunk, tipsy
  manger tout leur soûl to
    eat to their fill
soulagement, le relief
soulever (se) to lift oneself
soulier, le shoe
soupçonner to suspect
souper, le supper
souper par coeur to feast on
    the memory of a past meal
soupir to sigh

sourcil, le eyebrow
sourd deaf
sourdine, la silence
sourire, le smile
sournois sly
soutenir to support
souvenance, la recollection
souvenir, le memory
souvenir de (se) to remember
stylé trained
subir to undergo
subitement suddenly
suc, le juice
succéder to follow
sucer to suck
sucrerie, la sugar refinery
sueur, la perspiration
suffire to suffice
suite, la continuation
  à la suite following behind
suivre to follow
sujet, le subject
  au sujet de with regard to
supplier to implore, beg
suranné out of date
surgir to loom up
surhumain superhuman
surlendemain, le the second
    day
sursaut, le start, jump
survenir to occur
survivre to survive, outlive
sus, on, against
  en sus in addition
susciter to stir up

tabac, le tobacco
tache, la blemish, flaw
tâcher to attempt
taille, la waist
tailler to cut, prune
taillis, le bush
taire to silence
talon, le heel
talus, le slope
tambouille, la cooking
tambour, le drum

tamiser to pass through
tandis que whereas
tant so many
tantinet, le least bit
tant mieux so much the
    better
tantôt shortly, awhile ago
tantôt . . . tantôt at one
    time . . . at another
    time
tant pis too bad
tant s'en faut not by any
    means
tapage, le noise
tape, la slap
tapir to crouch
tapis, le carpet
taquiner to tease
tard late
  il se fait tard it is
    getting late
tarder to delay
tas, le heap, pile
tasse, la cup
tasser to cram
taureau, le bull
teint, le color
tel such
tellement so much
tel que such as
tel quel just as it is
téméraire foolhardy
témoigner to witness
tenaillé torn
tenir (se) to remain
tenter to attempt
tenture, la tapestry
tenue, la manner, dress
ternir to tarnish
terrain, le plot of ground
terrasser to ground
tertre mound
tête, la head
tiède tepid
tinter to ring
tiraillé torn about
tirer to shoot, pull

tirer dessus to shoot at
tirer les verrous to unbolt
   the door
tiroir, le drawer
tison, le ember
toilette, la washstand
  faire la toilette to wash
   and dress
toit, le roof
tomber to fall
tombereau, le cart
tomber malade to become ill
ton, le tone, color
tonnerre, le thunder
tordre to twist
torréfier to roast
tort wrong
  avoir tort to be wrong
tortiller (se) to wriggle
tortue, la turtle
toucher to touch, collect
touffe, la tuft
touffu thick
tour, le turn
tourbillon, le whirlwind
tournée, la to make the
   round
Toussaint, la All Saints'
   Day
tout à coup suddenly
toutefois nevertheless
tracas, le trouble
tracasser to worry, trouble
trace de pas, la footprint
tracer to trace
trahison, la betrayal
traîner to drag, lead
trait, le feature
traité, le treaty
trancher to slice, extend
transi chilled
transmettre to transmit
transpirer to perspire
transport, le rapture
traquer to surround, track
   down
travail, le work

travailleur, travailleuse
  hardworking
travers, les faults
  à travers across, through
traverser to cross
tressaillir to shudder
trêve, la respite
triste sad
tristesse, la sadness
tromper to deceive
tronc, le body, trunk
trotter to trot
trottiner to trot about
trottoir, le sidewalk
trou, le hole
troupeau, le flock
tuer to kill
tuyau, le pipe
tuyauté fluted

unique only
usage, un custom

vague, la wave
vaillant valiant
vaincu conquered
valeur, la value
vallon, le small valley
valoir to be worth
vanter to praise
veiller to watch over
veiller au grain to look out
  for squalls
veilleuse, la night-light
veinard, le lucky one
velours, le velvet
velouter to give a velvety
   appearance to
vendre to sell
venger to avenge
venger (se) to take revenge
vent, le wind
ventre, le stomach, belly
ver, le worm
verdure, la greenery
verger, le orchard
véridique veracious

verroterie, la small glassware
verrou, le bolt of a door
vers toward
verser to pour, shed
vert green
vert Nil Nile green
vertueux, vertueuse virtuous
veste, la jacket
vêtement, le clothing
vêtir to dress
vétusté, la decay
veuf, le widower
veuve, la widow
vide empty
vie, la life
vieillard, le old man
vieux, vieille old
vif, vive vivid, alive,
    quick
vilain ugly
villégiature, la stay in the
    country
vis-à-vis opposite
vitraux, les stained-glass
    windows
vivier, le fishpond
vivifiant invigorating
vivre to live
vli, vlan bang, bang
voilà there is, that's what
voile, la sail
voile, le veil
voiler to veil
voir to see
voire truly
voisin, le neighbor
voisinage, le neighborhood
voix, la voice
vol, le theft
volage fickle
volcan, le volcano
voler to steal, fly, rush
voleur, le thief
volonté, la will
vouer to dedicate
vouloir to want
  bon vouloir, le goodwill

voûter to bend
vrai true
vue, la view, sight

yeux, les (m.) eyes

zélé zealous